茶韵经典·典藏精品

白金珍藏版

中华国饮事典

茶苑

Zhonghua Guoyin Shidian
Chayuan

茶之水

◎主编 黄小勇

◎本册主编 朱丽华 霍福海

◎本册副主编 杨晓新

武汉大学出版社
WUHAN UNIVERSITY PRESS

图书在版编目（CIP）数据

中华国饮事典·茶苑·茶之水 / 黄小勇主编．—武汉：武汉大学出版社，2015.8

ISBN 978-7-307-15810-8

Ⅰ．中…　Ⅱ．黄…　Ⅲ．茶叶—文化—中国　Ⅳ．TS971

中国版本图书馆 CIP 数据核字（2015）第 103131 号

责任编辑：余　梦　　责任校对：黄孝莉　　装帧设计：吴　极

出版发行：**武汉大学出版社**（430072　武昌　珞珈山）

（电子邮件：whu_publish@163.com　网址：www.stmpress.cn）

印刷：武汉市金港彩印有限公司

开本：720×1000　1/16　印张：9.75　字数：124 千字

版次：2015 年 8 月第 1 版　2015 年 8 月第 1 次印刷

ISBN 978-7-307-15810-8　定价：1280.00 元（全套七册，精装）

总序

茶第一次给我留下深刻的印象，要追溯到30年前的那个春天。我到与学校相邻的城市杭州游玩，无意中走到了著名的龙井大队。恰好赶上春茶上市的日子，村边小路的两侧，密密麻麻地摆满了茶农自家生产的龙井茶，蜿蜒曲折的茶叶阵蔓延数公里。当时的集市十分简陋，一家一个箩筐，箩筐上面放一个大大的簸箕，簸箕上堆满了茶叶。每个农家都在簸箕的一角放一个大大的玻璃杯，里面泡的都是自家预售的茶叶。放眼望去，处处都是新茶的嫩绿，柔柔的嫩叶舒展在杯中，缕缕热气从杯中袅袅升起，与早春时节山中的薄雾相映成趣，满眼的嫩绿和不时吸入鼻中那若有若无的茶香味融合在一起，眼前一片春意盎然的景象。一时间，人竟有些恍惚，有一种飘飘然、如临仙境的感觉。我定了定神，沿着小道走了下去，最后，在一个自认为最好的茶叶摊前停下脚步。在茶主的盛情邀请下，我端起玻璃杯，大大地喝了一口（请原谅，当时的我真的不知道茶是要慢慢去品的），也许是我喝得太快，茶水入口时并没有什么特别的感觉。而当茶水被咽下去后，令人震惊的事情发生了，只觉得一股清新之气在口腔中盘旋，直冲鼻腔，好像真的是七窍都要通了一般。不知道古人的“六碗通仙灵”是不是描述我当时的感受，但可以肯定的是我在喝第一口时就有了“通仙灵”的感觉。当我鼓起勇气询问茶叶的价格，希望买上一点回去品尝的时候，摊主平静的回答，让我震惊了，他告诉我“200元一斤”。当时正在上大学的我，一个月的生活费也就只有30元左右！一斤茶叶居然要花费我半年的生活费！说实话，当时的我对茶叶并没有太多的认识，只知道它是一种可以泡来喝的饮料，大多是闲人们打发时间的饮品。看到我震惊的样子，摊主笑着给我讲起了龙井茶的故事。从茶农的口中我第一次听到了“虎跑泉水龙井茶”的传说，也第一次知道了茶叶的采摘是有时间要求的，不同的采摘时间和加工方法会给茶叶的品质带来巨大的影响。好的茶叶因为有极为苛刻的采摘和加工要求，产量十分有限，所以价格昂贵。当然也有品质一般的茶叶，只需要几块钱一斤。

真正让我对茶产生兴趣是在大学最后一年的夏天。那年中国航空公司宣布寒暑假期间可以对在校大学生出售半价飞机票，但前提条件是只在每天下午 3 点钟以后出售未卖完的第二天的机票。为了买到一张半价机票，几乎有一周的时间我每天下午都要从浦东跑到我预乘航班航空公司的售票大厅排队等票。上海的 7 月极为闷热潮湿，在正午的烈日下奔跑是极耗体力的。终于有一天我有些扛不住了，整个人都感觉到发虚发飘，口腔中不时有口水不受控制地涌出来，我知道自己要中暑了。误打误撞中跑进了城隍庙里的豫园茶楼，现在也记不清当时是为什么点了一壶龙井茶。几杯茶下去，中暑的感觉彻底消失了，虽然没有“两腋清风生”，但也有了几分神清气爽的感觉。原来这不起眼的茶叶居然有如此惊人的功效！从那时起，我对茶叶的兴趣便一发不可收拾，开始了对中华茶文化真正意义上的收集和研究。

几乎每一个中国人都知道“开门七件事，柴米油盐酱醋茶”，它反映了茶作为生活必需品在中国人日常生活中的重要地位。客来敬茶，是中国人待人接物的基本礼节。茶间话家常，其乐融融。随着中国社会的发展，茶作为一种文化载体，在保持其自然属性的同时，也引起了人们的关注，带领人们回归自然，予人以精神寄托。中国文人强调“人生八雅”“琴棋书画诗酒花茶”。中华茶文化源远流长，博大精深，为中华民族之国粹。从开门七件事的“茶”，到人生八雅的“茶”，从物质的茶到精神的茶，中华茶文化的发展经历了漫长的孕育期，在汲取了大量的中华民族传统文化精华的基础上，与时代的政治、经济、文化及人们的日常生活产生了完美的融合，并由此开始了其自身的形成与发展历程。

纵观我国茶文化的历史，中华茶文化的发展大致经历了以下几个阶段。

一、茶文化的孕育期

上古的黄帝时代，中华历史上发生了一个重大变化——文字的发明，这标志着中华历史迈进了文明的时代。文字发明以前，人们一般以实物记事。从传说和民族学的资料来看，上古记事的主要办法为结绳和刻契。而结绳应用于神农氏以前，至黄帝时代，随着经济、文化、生活的快速进步，结绳记事已无法在使用范围和速度上完全满足人类传递信息的需要了，古人通过兽蹄鸟迹的规律，发明了文字，便于交流。由于文字的发明，中华历史发展中的优秀文化得以传承。中华茶文化的记载便是从此时开始的。

相传在上古的黄帝时代，神农氏尝百草并写下了记载各种草石功效的《神农本草》，又名《神农本草经》，它是我国现存最早的药学专著。《神农本草》里记载，现今的四川益州是最早的茶区之一，采摘在农历的三月初三进行。这说明茶叶在此时已被视为药饮在民间流行。中国最早的诗歌总集《诗经》收集了从西周初期至春秋中叶大约500年间的诗歌305篇，其中提到"荼"字的地方就有近十处。这里的"荼"字也许并不全部指我们现在意义上的"茶"，但其中诸如"谁谓荼苦，有甘如荠""采荼薪樗，食我农夫"等的描述，则被学者们公认为是关于茶事的最早记载。春秋时期婴相齐景公时（公元前547—公元前490年），有记载表明人们吃脱去谷皮的粗粮饭，烤食三种禽鸟和牛、猪、狗、鸡、羊的卵部，最后"茗茶而已"，表明茶叶已作为菜肴汤料，供人食用。三国时期魏张揖著《广雅》中有"荆巴间采茶作饼，叶老者饼成，以米膏出之。欲煮茗饮，先炙令赤色，捣末置瓷器中，以汤浇覆之，用葱、姜、橘芼之"的记载，这是目前发现的最早的关于茶饼制作和泡茶方法的描述。

不难看出，这一阶段茶在生活中扮演着药饮、汤饮的角色，还仅仅局限于茶的物质属性方面。

二、晋代、南北朝茶文化的萌芽

魏晋南北朝时期，奢靡之风盛行。而茶饮具有清新、雅逸的天然特性，于是，宫廷贵族“以茶代酒”倡朴示廉，市井百姓“以茶代水”提神醒脑，文人雅士“以茶会友”品茗寄情，佛门僧侣“以茶合禅”静虑悟道。茶的精神意味得到了人们的认同，茶不仅作为一种饮品被人们接受，而且作为一种精神得到传播。

魏晋时期饮茶的地域特征明显，主要集中在长江流域，先秦两汉是在巴蜀之地发祥，三国西晋在长江中游和华中地区，东晋和南朝则在长江下游和华南。据晋常璩《华阳国志·巴志》记载：约公元前 1000 年周武王伐纣时，当时的巴国已有了人工茶园，所产的茶叶被作为“纳贡”珍品献给周王室，这是茶作为贡品的最早记述。公元前 59 年，已有“烹茶尽具”“武阳买茶”的记载，这表明在四川一带已有茶叶作为商品出现，是关于茶叶商贸活动的最早记载。东汉（25—220 年）末年、三国时代的医学家华佗在《食论》中提出了“苦荼久食，益意思”，是茶叶药理功效的第一次记述。三国（220—265 年）时期，史书《三国志》中有吴国君主孙皓“密赐茶荼以代酒”，是“以茶代酒”最早的记载。到了隋朝（581—618 年），茶的饮用逐渐开始普及，隋文帝患病，遇俗人告以烹茗草服之，果然见效。于是人们竞相采之，茶逐渐由药用演变成社交饮料，但主要还是在社会的上层群体中流行。随着文人饮茶之兴起，有关茶的诗词歌赋日渐问世，茶已经脱离作为一般形态的饮食而走入文化圈，起着一定的精神、社会作用。中华茶文化由此开始了它真正意义上的萌芽。

三、唐代茶文化的形成

唐代（618—907 年）是茶作为饮料扩大普及，并从社会的上层走向全民的时期。唐太宗大历五年（770 年）开始在顾渚山（今浙江长兴）建贡茶院，每年清明前兴师动众督制“顾渚紫笋”饼茶，进贡皇朝。唐德宗建中元年（780 年）纳赵赞议，开始征收茶税。8 世纪，中国历史上第一部真正意义上的茶典——陆羽《茶经》问世。“自从陆羽生人间，人间相学事新茶。”陆羽《茶经》的问世使茶文化发展到一个空前的高度，标志着唐代茶文化的形成。《茶经》概括了茶的自然和人文科学双重内容，探讨了饮茶艺术，把儒、道、佛三教融入饮茶中，首创中国茶道精神。之后又出现大量茶书、茶诗，有《茶述》《煎茶水记》《采茶记》《十六汤品》等。唐代是中国历史上社会经济文化空前繁荣的时代，同时也是中华茶文化真正形成和发展的朝代。

唐代饮茶之风的兴起，使得全国许多地方开始生产茶叶。根据陆羽《茶经》记载，当时的主要产茶区有 42 个，涉及现在的 17 个行政划分省份，即西北至安康，北至淮河南岸的光山，西南至云贵的西双版纳和遵义，东南至福建的建瓯等，南至岭南的两广。因各地气候不一、地理位置迥异，加上风土人情和种植方法有差异，所产出的茶叶也呈现出不同的特质。唐人在煎茶过程中，总结出了茶与水的煎煮关系，择水当选与产茶地相宜的水。故而，中国茶文化自唐代开始，饮茶讲究茶水相宜。茶与水的融合，各地风格迥异。唐人开始认识到不同水质对茶汤质量的影响，不同沸水程度对茶汤质量的影响，不同产地茶碗对茶汤汤色的影响等细节。唐人开始重视茶叶的制作方法和过程，不同的制作方法产出的茶叶，采用不同的煮饮方式。

四、宋代茶文化的兴盛

宋代茶业已有很大发展，并在唐代的基础上进一步推动了茶文化的发展，在文人中出现了专业品茶社团，有官员组成的“汤社”、佛教徒的“千人社”等 。宋太祖赵匡胤是一位嗜茶之士，在宫廷中设立茶事机关，宫廷用茶已分等级。茶仪已成礼制，赐茶已成皇帝笼络大臣、眷怀亲族的重要手段，还赐给国外使节。至于普通百姓，茶文化更是生机盎然，有人迁徙，邻里要“献茶”；有客来，要敬“元宝茶”；订婚时，要“下茶”；结婚时，要“定茶”；同房时，要“合茶”。民间斗茶风起，带来了采制烹点的一系列变化。宋太宗太平兴国年间（976 年）开始在建安（今福建建瓯）设宫焙，专造北苑贡茶，从此龙凤团茶有了很大发展。宋徽宗赵佶在大观元年间（1107 年）亲著《大观茶论》一书，以帝王之尊，倡导茶学，弘扬茶文化。宋代创立了点茶法，斗茶之风盛行，由此产生了茶文化精粹——分茶。由于皇帝和文人对点茶、分茶和斗茶的推崇，贡茶的产生，极大地提高了茶叶和茶具质量。由于茶马贸易的旺盛，宋代开始，朝廷设茶马司，专门负责以茶叶交换周边各少数民族马匹的工作。由于马匹是重要的战备物资，设置茶马司便于朝廷控制各少数民族地区，同时，茶马贸易也促进了对少数民族的文化推广，特别是茶文化的推广，并由此逐步产生了专供少数民族地区的茶叶——黑茶（边茶）。由此，中华茶文化进入了兴盛时期。

五、明、清茶文化的普及

中国古代茶文化的发展史上，元、明、清也是一个重要阶段，茶叶的生产量和消费量逐渐扩大，饮茶技艺的水平、特色逐步提升，呈现多样化，散发着令人陶醉的文化魅力。宋代，大小城市茶馆、茶楼的兴起使得茶文化更加深入普通大众的生活，各种茶文化不仅继续在宫廷、宗教、文人、士大夫等阶层中延续和发展，茶文化的精神也进一步植根于广大民众之间，不同地区、不同民族有极为丰富的“茶民俗”。明、清茶人继承了唐、宋茶人饮茶修道的思想。泡茶法大约始于中唐，南宋末至明朝初年，泡茶多用末茶。明初以后，泡茶用叶茶，流行至今。

明、清时期，茶叶的生产和加工方式日渐多样化，出现蒸青、炒青、烘青等各茶类，茶的饮用已改成“撮泡法”，明代不少文人雅士留有传世之作，如唐伯虎的《烹茶画卷》《品茶图》，文徵明的《惠山茶会记》《陆羽烹茶图》《品茶图》等。茶类的增多，泡茶的技艺有别，茶具的款式、质地、花纹千姿百态。晚明时期，文人雅士们对品饮之境又有了新的突破，讲究“至精至美”之境。此时的茶叶已经进入寻常百姓家，成为人们日常生活中不可或缺的一种要素。

六、现代茶文化的发展

新中国成立后，我国茶叶生产得到了快速发展，2013 年全国干毛茶的产量已经达到了 189 万吨，茶叶总产值突破 1000 亿元人民币。茶物质财富的大量增加为我国茶文化的发展奠定了坚实的基础。随着茶文化的兴起，各地茶艺馆越办越多。各种形式的国内、国际茶文化研讨会频繁展开，吸引了世界各地的茶叶厂商和茶文化研究人员参加。各省、各市及主产茶县纷纷主办“茶叶节”，如福建武夷市的岩茶节、云南的普洱茶节、湖北英山及河南信阳的茶叶节等不胜枚举，以茶为载体，形式多样的活动，促进了各地经济贸易的发展，同时也进一步扩大了中华茶文化的影响。

时值金秋，丹桂飘香，正是品茶的好时候。所谓好茶还需细品，回想近 30 年对中国茶文化的收集和研究过程，各种生活志趣和人生滋味，尽在其中。无论红、绿、白、黑、黄或青，喝出生活味道的茶，皆为好茶。茶成为文化，经过了历史的沉淀和大众的传播。作为文化工作者，我和一群志同道合的中华茶文化爱好者，结合各自的工作，努力地向外国人传播着这一种物色突出的茶文化。作为民间的茶文化个体传播者，我们阅读分析了近 20 年中国出版的与茶文化有关的海量书籍，它们或细谈茶历史，或趣说茶文化，或详道茶之俗，或闲话茶之事，或漫话茶与养生，或把玩茶之器具，或译解茶之经典，然而大部分的书籍缺乏系统性，尤其是缺少针对外国人系统宣传介绍中华茶文化的书籍。10年前，我在英国工作期间有机会接触到英国的茶艺。众所周知，英国本土并不生产茶叶，而“英伦下午茶”却成了举世闻名的茶艺经典。这与英国人对茶文化的研究和英国茶艺的推广是密不可分的。随着中国经济的快速发展，中国已经全方位地走向了世界，中华文化的对外推广已是大势所趋，时不我待。作为中华文化组成部分的中华茶文化的宣传推广自然也就水到渠成了。

本着这样一种想法，我们编写了本套茶文化丛书。丛书共有七本，分别为《茶之类》《茶之水》《茶之器》《茶之典》《茶之艺》《茶之养》和《茶之道》，以期对中华茶文化进行一次全方位的梳理，同时也希望为对中华茶文化有兴趣的外国朋友提供一个全面了解中华茶文化的途径。我们力求从便于茶文化传承的角度，系统收编整理天下千差万别的各类茗茶，结合中国文化中“天地人和”的特点，介绍中国广袤大地上的宜茶之水。纵观历史，挖掘出中国摆器赏茶的道具，品析茶自孕育萌芽伊始的典故，与读者一起观外形、赏汤色、闻香气、品茗滋，享受中国茶文化带来的丰富营养，涤心神，悟人生。

由于编者不是茶文化的专业研究人员，丛书主要从日常生活中易于茶文化传播的角度编写，因此难免有考虑不周的地方，在此恳请专业人士予以批评指正。

黄小勇

2015年7月

前言

茶性借水而发，水质的不同对茶汤的色、香、味、韵有很大影响。中国人历来很讲究泡茶用水。唐代张又新的《煎茶水记》，宋代欧阳修的《大明水记》、叶清臣的《述煮茶水品》、蔡襄的《茶录》，明代徐献忠的《水品》、田艺蘅的《煮泉小品》、许次纾的《茶疏》，清代汤蠹仙的《泉谱》等专著都对饮茶用水作了研究。

中国文化崇尚天、地、人合一，故而有天水、地水和人水之划分。本书从中国茶事发展中择水的相关习俗的角度来总结泡茶用水的天水、地水和人水，力求归纳分析宜茶之水及其用法，让广大读者能了解中国茶事中取水、煮水及品水之妙。第一章为绪论，这部分主要介绍古代茶人对宜茶用水的论述及现代人的择水观；第二章讲述天水，主要介绍天水类别、宜茶天水及其使用方法；第三章讲述地水，主要介绍地水类别、宜茶地水及其使用方法；第四章讲述人水（再加工水），主要介绍中国城市生活中使用较多的人工水，如自来水、纯净水和人工矿泉水的取用；第五章为神州名泉，主要介绍著名的宜茶泉水。

本书所用图片，部分为作者拍摄；部分为武汉羽桐文化会馆提供；其余来源广泛。如涉及图片使用相关问题，请图片版权所有者与出版社联系。

在编写本书的过程中，我们得到了各界朋友的关心和支持，在此谨致以衷心的感谢。因时间仓促，书中难免有疏漏和不足之处，敬请广大读者、各界朋友批评指正。

编　者

2015 年 7 月

更多精彩内容，敬请关注！

扫一扫

目录

第一章　绪论 /1

第一节　水之于茶 /1

第二节　古人论水 /4

一、陆羽品水排等次引发的争论 /4

二、古人对宜茶之水水质的辨别 /8

第三节　今人择水 /11

一、饮用水的合格条件 /11

二、沏茶用水的要求 /12

第二章　天水 /13

第一节　天水种类 /13

一、雨 /14

二、雪 /14

三、露 /15

四、霜 /16

五、雹 /16

第二节　宜茶天水 /17

一、露水 /18

二、雨水 /23
三、腊雪 /26

第三章　地水 /31
第一节　地水种类 /31
一、泉水 /32
二、井水 /34
三、溪水 /35
四、江河之水 /35
五、湖水 /38
第二节　宜茶地水 /39
一、泉水 /39
二、井水 /50
三、溪水 /68
四、江、河、湖水 /73

第四章　人水（再加工水） /86
第一节　人水种类 /86
一、自来水 /87
二、纯净水 /88
三、人工矿物质水 /89
四、活性水 /89
五、净化水 /90

第二节　宜茶人水 /91
一、自来水 /91
二、纯净水 /92
三、人工矿物质水 /93

第五章　神州名泉 /97
一、无锡惠山泉 /97
二、杭州虎跑泉 /99
三、杭州龙井泉 /100
四、苏州虎丘三泉与天平山白云泉 /102
五、济南四大泉群 /105
六、扇子山蛤蟆石泉水 /109
七、上饶广教寺陆羽泉 /110
八、扬州大明寺泉 /112
九、怀远白乳泉 /114
十、福建苔泉 /116
十一、青岛崂山矿泉 /117
十二、云南安宁碧玉泉 /121
十三、滁州琅玡山酿泉 /123
十四、天柱山山谷流泉 /124
十五、永泰洗钵泉 /126
十六、晋江国姓泉 /126
十七、泗水泉林 /128

十八、淄博柳泉 /130

十九、泉州清源山泉 /131

二十、庐山招隐泉 /133

二十一、庐山玉帘泉和聪明泉 /134

二十二、庐山三叠泉 /136

参考文献 /138

第一章

绪　论

第一节　水之于茶

中国人历来讲究泡茶用水。若想泡出好茶，水质非常关键。

水是什么？在西方人眼中，水是无色、无味的液体，是生命之源，仅此而已。但中国文化赋予水以灵性。茶中有道，水中亦有道。

水

老子说：“上善若水，水善利万物而不争，处众人之所恶，故几于道。”意思是说，最高境界的善行就像水的品性一样，泽被万物而不争名利，处于众人所不注意或者细微的地方，所以是最接近道的。在道家学说里，水为至善至柔之物；水性绵绵密密，微则无声，巨则汹涌；与人无争却又容纳万物。人生之道，莫过于此。

庄子说："水静犹明，而况精神！圣人之心静乎！"意思是说，平静的水面，清澄明澈，就如同镜子，可以映出万物，又何况是人的精神呢，圣明的人心境是多么虚空宁静啊，就如同那平静的水吧。

孔子说："夫水，大遍与诸生而无为也，似德；其流也埤下，裾拘必循其理，似义；其洸洸乎不淈尽，似道；若有决行之，其应佚若声响，其赴百仞之谷不惧，似勇；主量必平，似法；盈不求概，似正；淖约微达，似察；以出以入，以就鲜絜，似善化；其万折也必东，似志。是故君子见大水必观焉。"这段话表达了孔子对水的特性的赞叹。君子遇水必观，就是要求我们去观察、体会、感悟、仿效水的美德。

中国古代的哲人一直将水作为理想人格的化身，把人类的各种美德赋之于水，热烈地礼赞水、崇尚水。水是生命之源，亦是茶之基质。古往今来，大凡提到茶事，总是将茶与水联系在一起。茶与水的关系，就像鱼和水的关系一样亲密。离开水，茶的色、香、味、韵则无从体现。

明人田艺蘅在《煮泉小品》中说："茶，南方嘉木，日用之不可少者，品固有媺恶，若不得其水，且煮之不得其宜，虽佳弗佳也。"意思是说，好茶必须有好水相匹配，方能相得益彰；反之，有了好茶，若不得好水，佳茗也不佳。

明人许次纾在《茶疏》中说："精茗蕴香，借水而发，无水不可与论茶也。" 意思是说，好茶的色、香、味等内在品质，都是借水而发，没有水怎么去谈论茶呢？可见，茶与水关系至深，谈茶就要论水。

明人张源在《茶录》中说：“茶者水之神，水者茶之体，非真水莫显其神，非精茶曷窥其体。”这就讲透了茶与水的关系。茶是水的灵魂，无茶便无茶事；水是茶的载体，没水烹不成茶。

泡茶

明人张大复甚至把水品放在茶品之上，他在《梅花草堂笔谈·试茶》中说：“茶性必发于水，八分之茶，遇十分之水，茶亦十分矣；八分之水，试十分之茶，茶只八分耳。”他认为择水重于择茶，二等茶用上等水可烹出上等茶，而上等茶用二等水就只能烹出二等茶。

近人徐珂在《清稗类钞·饮食类》中写道：“欲烹茶，须先验水。可贮水于杯，以酒精溶解肥皂，滴三四点。如为纯粹之水，则澄清如故，倘含有杂物，必生白泡。又法，贮水于杯，加硼砂少许，水恶则浊，水良则清。”意思是说，烹茶之前，要先通过各种方法检验水质。

水的功能如此重要，故烹茶鉴水成为中国茶道的一大特色，水中不仅存载着茶的色、香、味、韵，而且蕴含了茶道的精神内涵、文化底蕴和高雅深沉的审美情趣，所以有“水为茶之母”之说。

第二节　古人论水

在中国饮茶史上，唐代以前，尽管在长江以南，饮茶已较为普遍，但那时饮茶比较粗放，对茶的色、香、味、形并无特别要求。因此，宜茶之水也未引起茶人的特别关注。唐代以后，茶事兴旺，饮茶蔚为风尚。茶品的日益丰富和清饮雅赏饮茶之风的开创，使得喝茶解渴逐渐上升为艺术品饮。于是，茶事引发了水事。古代茶人对宜茶之水纷纷提出各自的见解，在择源、鉴泉、评水、煮水等各方面，形成了较为完备的理论，开启了影响千年的宜茶水品的学术争论，并从唐代一直延续到清代。不同学术见解通过争鸣探求，引发了许多关于名茶、名水的真知灼见，使人们对饮茶用水的品格有了更高的追求。

一、陆羽品水排等次引发的争论

"茶圣"陆羽对饮茶用水进行过潜心研究，他在《茶经·五之煮》中写道："其水，用山水上，江水中，井水下。其山水，拣乳泉、石池漫流者上；其瀑涌湍漱，勿食之，久食令人有颈疾。又多别流于山谷者，澄浸不泄，自火天至霜郊以前，或潜龙畜毒于其间，饮者可决之以流其恶，使新泉涓涓然酌之。其江水，取去人远者。井取汲多者。"这段话的意思是说，饮茶用水，首先注重活水，并以山中乳泉、池中清流为佳；沟谷之中，水流不畅，又在热天，有各种毒虫或细菌繁殖，不宜饮用；江水须远离市井，以保证少受污染；井水要选经常被人使用的，即要求其活。《茶经》中煮茶用水的论述，精辟简要，开创了古人论水的先河。

唐代张又新著《煎茶水记》，其中有陆羽品水排等次的生动记载。大历元年（766 年），陆羽逗留于扬州大明寺，御史李季卿出任湖州刺史，途经扬州，邀请陆羽同舟赴郡。当船抵达镇江附近的扬州驿站时，泊岸休息。御史对扬子江南零水泡茶早有所闻，又深知陆羽善于评茶和品水，于是笑着对陆羽说："陆君善于茶，盖天下闻名矣。况扬子江南零水又殊绝，今者二妙千载一遇。何旷之乎？"陆羽对李季卿说："大人雅意盛情，余理当奉陪品饮，只是今日风大浪涌，况时辰将过午时，恐取水有难。"原来，南零水正处于长江漩涡之中，通常只能在子、午两个时辰内，用长绳吊着铜瓶或铜壶，深入水下取水。如取水深浅不当，或者错过时间，则均取不到真正的南零泉水。但此时李季卿决意要品尝一下"佳茗美泉"，于是立即派出一位可靠的军士，备下打水器皿，赶在午时前，去南零取水。军士取水归来后，陆羽"以杓扬其水"，便说："江则江矣，非南零者，似临岸之水。"军士分辩道："某棹舟深入，见者累百，敢虚给乎？"陆羽一声不响，将水倒掉一半，再"以杓扬之"，才点头说道："这才是南零之水矣！"军士听此言，不禁大惊，"蹶然大骇伏罪"，军士没想到陆羽有如此高的品水本领，不敢再瞒，只好实言相告。原来，因江面风急浪大，军士取水上岸时，因小舟颠簸，壶水晃出近半，于是用江边之水加满而归，不想竟被陆羽识破，连呼："处士之鉴，神鉴也！"

李季卿见此番情景，对陆羽惊叹不已。他恳切地说："处士有如此眼力，可否对品尝过的水作一评价。"陆羽提出宜茶之水，以"楚水第一，晋水最下"。御史即命人把陆羽口授的茶水品第按等次记下，以下即是陆羽排出的宜茶之水二十等次：第一，庐山康王谷水帘水；第二，无锡县惠山寺石泉水；第三，蕲州（今湖北浠水一带）兰溪石下水；第四，峡州（今湖北宜昌附近）扇子山下的蛤蟆口水，《煮茶记》中载：“峡州扇子山下有石突然，泄水独清冷，状如龟形，俗云虾蟆口水，第四”；第五，苏州虎丘寺石泉水；第六，庐山招贤寺下方桥潭水；第七，扬子江南零水（今江苏镇江一带）；第八，洪州（今江西南昌一带）西山西东瀑布水；第九，唐州（今河南泌阳）柏岩县淮水源；第十，庐州（今安徽合肥一带）龙池山岭水；第十一，丹阳县观音寺水；第十二，扬州大明寺水；第十三，汉江金州（今陕西石泉、旬阳一带）上游中零水；第十四，归州（今湖北秭归一带）玉虚洞下香溪水；第十五，商州（今陕西商县一带）武关西洛水；第十六，吴淞江水；第十七，天台山西南峰千丈瀑布水；第十八，郴州圆泉水；第十九，桐庐严陵滩水；第二十，雪水。

张又新在《煎茶水记》中记载的这个故事，着重渲染了陆羽的品水本领，肯定了其通过调查研究和实地考察，提出泡茶之水高下优劣的开创精神。但这是在1200多年之前，且神州之泉众多，仅凭陆羽一个人的力量，显然是难以全面考察，并作出科学鉴评的。陆羽所排定的茶水之二十等次，除雪水外，淮水源地处淮河流域；天台山瀑布水、桐庐严陵滩水地处新安江流域；其余16品目，都在长江流域。按行政区划分，江苏6品目，江西3品目，湖北3品目，浙江2品目，陕西2品目，安徽、河南、湖南各1品目，仅限于8省，华南、西南、华北、东北都没有。所以后人有“翻怜陆鸿渐，跬步限江东”之说。但二十等水品的次第也真实反映了唐代茶事活动的状况，并引发了我国茶学史上的关于宜茶水之水质的首次争论。

后来，张又新又发现了当时已故刑部侍郎刘伯刍的品水名录：扬子江南零水第一；无锡惠山寺石泉水第二；苏州虎丘寺石泉水第三；丹阳县观音寺水第四；扬州大明寺水第五；吴淞江水第六；淮水最下，排第七。

宋代欧阳修在《大明水记》中对陆羽能辨南零水与扬子江水有异议，并提出自己对茶水的看法。一是认为陆羽所列举的二十等水品中，如蛤蟆口水（第四等水）、洪州西山西东瀑布水（第八等水）、天台山西南峰千丈瀑布水（第十七等水），都是陆羽戒人“勿食之，久食令人有颈疾”的瀑布水。二是认为“江水居山水上（扬子江南零水居第七），井水居江水上（观音寺水、大明寺水分别居第十一、十二），皆与《茶经》相反，疑羽不当二说以自异……”又说：“余尝读《茶经》，爱陆羽善言水……浮槎山与龙池山皆在庐州界中，较其水味不及浮槎远甚，而又新所记以龙池为第十。浮槎之水，弃而不录，以此知其所失多矣。”意思是说，浮槎山、龙池山均位于庐州界中，比较它们的水质，龙池山的水远远比不上浮槎山的水。但据张又新记载，陆羽把龙池山的水列为第十，把浮槎山的水却弃而不录，从这里可以知道陆羽有很多没有排第次的泉水。最后，欧阳修提出自己的观点：水味尽管有“美恶”之分，但把天下之水一一排出次第，这无疑是“妄说”。

欧阳修之说遭到了明人徐献忠和清人汤蠹仙的反驳。徐献忠在《水品》中写道：“陆羽能辨别扬子江南零水质并非是张又新无端妄述。南零洄洑渊渟，清澈重厚，临岸故常流水耳，且混浊迥异，尝以二器贮之自见。昔人且能辨建业城下水，况零岸固清浊易辨，此非诞也。”徐献忠认为欧阳修在《大明水记》中对陆羽品南零水的异议，是因为欧阳修自己“不甚详悟尔”。清代《泉谱》作者汤蠹仙在《自序》中评论欧阳修《大明水记》中的说法：“此言近似，然予以为既有美恶，即有次第。求天下之水，则不能；食而能辨之，因而次第之，亦未为不可。”他认为：凡爱茶者，一般不专不精；凡专而精者，没有不能辨别水质的。进而推断：欧阳修或许不爱茶，却以常理去衡量，以致得出错误的结论。

在关于品定泡茶之水水质的问题上，我国传统的茶人可分成两派：一派是“等次派”，即对享用之水以等次而论，以唐代张又新《煎茶水记》为代表；另一派是“美恶派”，相对于“等次派”而言，认为天下之水无等次之分，不必定级，排座次，只要分辨水质的美恶就可以了。例如，明代田艺蘅著的《煮泉小品》将天下之水分为八类，即源泉、石流、清寒、甘泉、灵水、异泉、江水、井水，并分门别类地加以阐述，但却不排第一、第二之类的等次。钱椿年、顾元庆的《茶谱》，孙大绶的《茶谱外传》，张源的《茶录》，高谦的《遵生八笺》及历代大部分作者、茶学家所著茶书也都不强调品水排次第。以上作者、茶学家均可称为“美恶派”流裔。

二、古人对宜茶之水水质的辨别

李时珍在《本草纲目》中，曾对水进行了极为精细的论述，书中共收水类43种，其中“地水”30种，如泉水、流水、井水、地浆等；“天水”13种，如雨水、露水、冬霜、雪水等。由于人们用茶角度不同，所处地域环境各异，因此，对水品的要求产生了不同的审视点，概略地说，古人对宜茶之水主要从水质和水味两方面给予评价，好水的水质必须清、轻、洁、活，水味必须甘、冽。

“清”，是相对浊而言的，要求水质无色、透明，无沉淀物，澄之无垢，搅之不浑。烹茶用水更需要澄澈无垢，清明不淆。因为水质清而无杂质，才能显出茶汤本色。田艺蘅说水之清，是“郎也，静也，澄水之貌”。

“轻”，如果说“清”是以肉眼来辨别水中是否有杂质，那么“轻”

则是用器具来辨别水中是否有看不见的杂质。最著名的例子就是乾隆以银斗量天下泉水。其实，这也不是乾隆的发明，明代泰西熊三拔“试水法”已云：“第四秤试，各种水欲辨美恶，以一器更酌而秤之，轻者为上。”古代有“以水洗水”之说。《清稗类钞》一书记述了乾隆以水洗水的故事。由于乾隆出巡时要用盛水专车带着北京玉泉水随用，时间长了水质就会发生变化，乾隆为净化日久的玉泉水，即“以大器储（玉泉）水，刻分寸，入他水搅之。搅定，则污浊皆沉淀于下，而上面之水清澈矣。盖他水质重则下沉，玉泉体轻故上浮”。这就是借助于水质轻重的不同来以水洗水。前面提到陆羽辨别扬子江南零水的真伪，历来人们觉得不可思议，实际上用的也是这种方法。从古人品水的角度来审视，这是相当科学和智慧的。

“洁”,要求水清洁干净,用现在的话来说就是无污染。这是非常重要的，可见古人对该点十分注重。

“活”，即流动之水，有源有流，不是静止的死水。煎茶用水要鲜活。死水是各种细菌容易繁殖的地方，不能食用。古人对此有清楚而深刻的认识。宋人唐庚在《斗茶记》中说：“茶不问团銙，要之贵新；水不问江井，要之贵活。”苏东坡所作《汲江煎茶》诗云：“活水还须活火烹，自临钓石取深清。大瓢贮月临春瓮，小勺分江入夜瓶。雪乳已翻煎处脚，松风忽作泻时声。枯肠未易茶三碗，坐听荒城长短更。”说的是月色朦胧中用大瓢将江水取来，当夜便用活火烹饮，这才是好水配好茶。南宋的胡仔在《苕溪渔隐丛话》中赞叹道：“茶非活水，则不能发其鲜馥，东坡深知其理矣！”水虽贵活，但“波涛湍急、瀑布飞泉，或舟楫多处”的“过激水”，则因其“苦浊不堪”，也不适于用作烹茶之水。

“甘”，宋代诗人杨万里诗云：“下山汲井得甘冷。”古人品水觅泉，尤崇甘、冷，或甘、洌。这种水一入口，人舌尖顷刻便会有甜滋滋的感觉，颇有回味。宋代蔡襄在《茶录》中说：“凡水泉不甘，能损茶味。”也有人认为最上等的水不甘，是淡而无味的，泰西熊三拔“试水法”的“味试”条曰：“水无形也，无形无味，无味者真水。凡味皆从外合之，故试水以淡为主，味甘者次之，味恶为下。”此说法主张无味之味为至味，颇具道家审美精神，不失为一家之言，但一般人还是推崇水以味甘为上。

“洌”，就是冷、寒。古人认为寒冷的水，如冰水、雪水，滋味较佳，如果从水在低温结晶过程中，杂质下沉，冰相对比较纯净的角度来说，也不无道理。讲水的冷洌，古人最推崇冰水。如唐代诗人郑谷有诗句：“读《易》明高烛，煎茶取折冰。”宋代杨万里有诗句：“锻圭椎璧调冰水。”说的都是用融冰之水煎茶。田艺蘅在《煮泉小品》中说：“泉不难于清而难于寒。”泉甘而能洌，证明该泉水是从地表深处沁出的，所以水质特别好。

古代茶人主要用五种方法辨别水的优劣。一是味试法。水是无色无味的，无味者真水，凡味皆从外合之，故试水以淡为主，味甘者次之，味恶者为下。二是煮试法。把水倒入洁净的器皿中烧开，然后倒入白瓷器中澄清，如果有沉淀物，则说明水质不好，好水是没有沉淀物的。三是日试法。把水放在太阳光下照射，如日光下的水氤氲不清就不是好水，好水是清澈透明的。四是秤试法。用同一器皿量出相等体积的不同的水，然后用秤称之，重量稍轻的水是优质水。五是丝棉测试法。把所测试的水倒在洁白的丝棉或纸上，等水干后，没有留下痕迹的就是好水。

第三节 今人择水

水质的优劣是有客观标准的，它只能由实践来检验。古人因限于历史条件，无论以水源来判别，还是以味觉、视觉来判别，甚至以水的轻重来判别水质优劣，虽不无道理，但均存在一定的局限性和片面性。只有通过测定饮用水的物理性质和化学成分，才能科学地鉴定水质。

一、饮用水的合格条件

现代科学技术提出以四个指标作为饮用水的合格条件，这四个指标如下。

1. 感官指标：色度不得超过 15 度，不能有其他异色；浑浊度不得超过 5 度；不能有异臭、异味；不得含有肉眼看得见的物质。

2. 化学指标：pH 值为 6.5 ～ 8.5；总硬度不高于 25 度（1 升水中含有碳酸钙 1 毫克，称为硬度 1 度），氧化钙含量不超过 250 毫克 / 升，铁含量不超过 0.3 毫克 / 升，锰含量不超过 0.1 毫克 / 升，铜含量不超过 1.0 毫克 / 升，锌含量不超过 1.0 毫克 / 升，挥发酚类含量不超过 0.002 毫克 / 升，阴离子合成洗涤剂含量不超过 0.3 毫克 / 升。

3. 毒理学指标：氟化物浓度不超过 1.0 毫克 / 升，适宜浓度为 0.5 ～ 1.0 毫克 / 升，氰化物浓度不超过 0.05 毫克 / 升，砷浓度不超过 0.04 毫克 / 升，镉浓度不超过 0.01 毫克 / 升，铬（六价）浓度不超过 0.5 毫克 / 升，铅浓度不超过 0.1 毫克 / 升。

4. 细菌指标：细菌总数不得超过 100 个 / 毫升，大肠菌群数不超过 3 个 / 升。

合乎以上四个指标的饮用水才算是安全的。

二、沏茶用水的要求

品茶既然是一种艺术，除了要重视科学标准外，也得有品味的美感，水质不同，沏出的茶其色、香、味也不同，水中含铅量达到 0.2 毫克 / 升，沏出来的茶味苦；含钠量高的水沏出来的茶味咸；含钙量达到 2 毫克 / 升的水沏出来的茶味涩，含钙量再高的水沏出来的茶就变苦了；水中铁离子含量过高，茶汤就会呈黑褐色，甚至有一层油，几乎不能品饮。

水的硬度与茶汤的品质也有密切关系，硬度为 0 ～ 10 度的水称为软水，10 度以上的水称为硬水，如果水的硬度由所含的碳酸氢钙或碳酸氢镁引起，则称为暂时硬水。暂时硬水通过煮沸，所含的碳酸氢盐就分解，生成不溶性的碳酸盐而沉淀，平日我们以铝壶煮水，壶底上的白色沉淀物就是碳酸盐，经过这样煮沸处理的水就变成软水了。水的硬度也会影响水的 pH 值，pH 值大于 5 时，茶汤色泽加深；pH 值达到 7 时，茶黄素倾向于自动氧化；如果以软水来沏茶，则茶叶的有效成分溶解度较高，茶味较浓。因此，沏茶用水以软水或暂时硬水为佳。

科学研究表明，泡茶用水必须要符合下列要求。

1. 酸度接近中性。茶水色泽对酸度的反应很敏感，用 pH 值为 7 的水泡茶，茶汤的自然酸度 pH 值为 4.8 ～ 5.0，这时，绿茶的汤色黄绿明亮，红茶的汤色红艳明亮；当茶汤的 pH 值大于 7 时，绿茶汤色加深，红茶汤色因茶黄素自动氧化而变晦暗；当茶汤的 pH 值大于 9 时，茶汤呈暗黑色；但茶汤的 pH 值小于 3 时，茶汤中出现浑浊沉淀物。

2. 水的硬度低于 25 度。用硬度高的水泡茶，茶汤形成沉淀而浑浊。泡茶以软水为佳。

3. 重金属和细菌、真菌指标必须符合饮用水的卫生标准。

4. 透明度好，无异味。

第二章

天　水

第一节　天 水 种 类

天水，顾名思义，即天上落下来之水，包括雨、雪、露、霜、雹等。明朝才子郑板桥写有“青盐白米筧子饭，瓦罐天水菊花茶”的诗句 。明代田艺蘅的《煮泉小品》中写道：“天一生水，而精明不淆。故上天自降之泽，实灵水也，古称‘上池之水’者非也。要之皆仙饮也。”意思是，天一生水，精明而不浑浊，自天而降的水，就是含有灵气的水，古人所说的“上池之水”（未沾到地面的水）不也是这样吗？得到的话都是仙饮。可见，在今人看来万分寻常的雨、雪、霜、露，却备受古人推崇，并被称为“灵水”。

天水还被称为“无根水”，是大气中水蒸气转化而来的。在古代没有制作纯净水、蒸馏水技术的时候，天水常常被用做药引。《西游记》第 69 回，孙悟空给朱紫国国王治病，要用那无根水来作药引，称：“井中河内之水，俱是有根的。我这无根水，非此之论，乃是天上落下者，不沾地就吃，才叫作无根水。”结果那国王吃了马尿和制的药丸，又喝了龙王打喷嚏的口水，病就痊愈了。这虽然只是小说，但以无根水作药引，也是有道理的。因为天水中的杂质少，用来烹药，不会改变药性。泉水虽然味道好，但含有的矿物质多，倒不一定适合入药。

一、雨

雨是一种自然现象，指从天空降落的液体。陆地和海洋表面的水蒸发变成水蒸气，水蒸气上升到一定高度之后遇冷变成小水滴。这些小水滴组成了云，它们在云里互相碰撞，合并成大水滴。当它大到空气托不住的时候，就从云中落了下来，形成了雨。雨的表现形态各具特色，有毛毛细雨，有连绵不断的阴雨，还有倾盆而下的暴雨。雨水是人类生活中最重要的淡水来源之一。

雨

二、雪

雪是水或冰在空中凝结再落下的自然现象。雪是由大量白色不透明的冰晶（雪晶）和其聚合物（雪团）组成的降水，是水在固态的一种形式，只会在很低的温度及温带气旋的影响下才会出现。

雪

三、露

露是空气中水汽以液滴形式液化在地面、覆盖于物体上的液化现象。夜间气温下降，越近地面气温下降越快，形成与白天相反的下冷上热的温度分布，当地面温度下降到使贴近地面空气中的水汽含量达到饱和时，地面物体上开始生成露滴。如果温度持续降至零摄氏度以下时，露滴冻结成冰珠，称为冻露。

露

四、霜

霜是附着在地面或植物上面的微细冰粒，是接近地面的水蒸气冷至零摄氏度以下凝结而成的。霜和露的出现过程是相同的，都是空气中的相对湿度达到 100% 时，水分从空气中析出的现象。它们的差别只在于露点（水汽液化成露的温度）高于冰点，而霜点（水汽凝华成霜的温度）低于冰点，因此只有近地表的温度低于零摄氏度时，才会结霜。

霜

五、雹

雹是雷雨云中水汽凝华和水滴冻结相结合的产物。雹形成时需要有强上升气流的对流云（如积雨云），因此常伴有雷暴。雹是天地阴阳之气相搏而形成的，是不平和之气汇聚的结果，是从天空飞坠的冰块，小的如弹丸，大的像斗升。冰雹味咸、性冷、有毒，不宜饮用。

雹

第二节 宜茶天水

古人素喜用露水、雨水、雪水等天水烹茶，认为这些水质清且轻，味甘而洌，是上佳沏茶用水。现代研究也表明，在大气无污染的情况下，天水是很好的天然纯净水，对人身心有益。虽然它们在降落过程中会溶入少量的氮、氧、二氧化碳、尘埃和细菌等，但其含盐量很小，因此硬度也很低，是天然软水，确为宜茶之水。唐代张又新在《煎茶水记》中记载陆羽将雪水评定为第二十等次的水。明代熊明遇在《罗岕茶记》中记载："烹茶，水之功居大。无泉则用天水。秋雨为上，梅雨次之。秋雨洌而白，梅雨醇而白。雪水五谷之精也，色不能白。"明代钱宰在《煮雪轩记》中写道："一勺入口，神水上华池，灵永斯烈，白雪之英，清入肺腑，因名其轩曰，煮雪。嗟夫！天地间至清之气也。"作者以不污的白雪，赞誉人品高洁之士，以物喻人，以雪品喻人品，把自然之物升华为精神之物，使论水从自然范畴拓展到了人文范畴。

一、露水

古人对饮茶用水的分类中很少提到露水，或许是因为露水难以收集的缘故。在历代茶书中，只有明代田艺蘅的《煮泉小品》对露水有记载。书中写道：“露者，阳气胜而所散也。色浓为甘露，凝如脂，美如饴，一名膏露，一名天酒。”意思是，露水，在阳气胜起的时候就会消散，颜色浓郁的是甘露，凝结如脂，甜美如饴，也被叫作膏露，或者被称为天酒。

露水四季皆有，秋天特别多。古人认为露水是天上之水。《庄子》写道:“姑射山神人，不食五谷，餐风饮露。”《山海经》写道：“仙丘降露，仙人常饮之。”《博物志》写道：“沃渚之野，民饮甘露。”《拾遗记》写道：“含明之国，承露而饮。”屈原在《离骚》中写道：“朝饮木兰之坠露兮，夕餐秋菊之落英。”汉武帝为求长生不老，命人在未央宫筑高台，以玉盘取云表之露。中国历代帝王中乾隆最讲究取用露水。乾隆帝夏天常到承德避暑山庄避暑，喜欢收集太平湖中荷叶上的露水烹茶，认为其胜过北京玉泉山的泉水。

（一）露水的形成

露是空气中水汽以液滴形式液化在地面、覆盖于物体上的液化现象。晴朗无云的夜间，地面热量散失很快，地面气温迅速下降。温度降低，空气含水汽的能力减小，大气低层的水汽就附在草、树叶等上，并凝成细小的水珠。露水对农作物很有好处，它像雨一样，能滋润土壤起到促进植物生长的作用。

（二）露水的功效

露水气味平、甘，无毒，具有独特的药用价值。在《本草纲目》中对露水就有记载："百草头上秋露，未晞时收取，愈百疾，止消渴，令人身轻不饥，悦泽；百花头上露，令人好颜色；柏叶上露，菖蒲上露，并能明目；韭叶上露，去白癜风。"意思是说，附着在不同植物上的凝露会吸附该种植物的叶或花所含的营养，其性随物而变，因而形成相应的保健功能：在野外山谷嫩草叶上的露水，烹茶后有生津止渴的作用；花瓣上的露水烹茶，能够美容乌发，对女性更好；柏叶露、菖蒲露，每天早晨用来洗眼睛，能增强视力；韭叶露，每天早晨涂于患处，能治白癜风。清人赵学敏在《本草纲目拾遗》中认为，"荷叶上露"有"明目、下水臌气胀、利胸膈、宽中解暑"的功效。秋露繁浓时的露水称为"繁露水"，收取之后烹茶，益人肠胃，食之延年。古代有一种著名美酒，名秋露白，就是用"繁露水"酿造的。在明清人的观念里，到了夏天，荷叶上的晨露不失为一款节令风味饮品。荷叶上的晨露还会作为女性化妆时的养颜水，文人也讲究用这种清露研磨或调颜料，让墨色与颜料澄净。

（三）宜茶露水的采集

乾隆皇帝喜欢收集太平湖中荷叶上的露水烹茶，于是，一种收集荷露的灵巧方法也被发明出来：特备一把长柄勺，在长柄端头的斗上套放一只口径相对略大的瓷碗，趁天色未亮之前，采露人乘着小船，深入荷塘，寻到叶面有露水积汪的荷叶，小心伸出长柄勺的勺斗，让瓷碗的边缘触到荷叶，小心翼翼地令叶伞倾斜，就势引得荷心积露沿着叶面滑落到瓷碗中。

李真先生在所著的《王少堂传》中记载了著名扬州评话艺术家王少堂品尝"露水茶"的故事。该书说到露水的采集是在天井里，用一块大白布，四角扎四根绳子，系在屋角上，到了夏秋两季露水重的时候，张开大布兜收水……一季可以采集三四坛水。因露水有干净、清醇的特质，所以用其烹茶，香醇、甘甜、新鲜。要将其用陶罐封闭好，深埋在地下，才不会变质。

荷露

（四）露水茶事

露水属于冷凝水，是自然的小分子水，人体对水的吸收速度很快，感觉非常爽口。以露水烹茶，除了令茶香更加醇厚以外，还能增加茶叶养生、美容的功效。

《红楼梦》第五回写贾宝玉梦游太虚境，仙姑以“千红一窟”茶款待他，并介绍道：“此茶出在放春山遣香洞，又以仙花灵叶上所带的宿露而烹，名曰‘千红一窟’。”因为收集较难，以露水烹茶的人并不多。该小说此处以露水作烹茶之水，突出了仙人、仙境，因为露水一直是和仙人相关联的。

还有一则关于品茶高手的故事，提到了用芦苇露水烹茶。

民国初年，泰安城里的东岳茶庄掌柜张泰峰，品茶技艺高超，不仅能辨出杯中是什么茶叶，而且烹茶用的是泉水、河水、井水抑或是湖水、塘水，一喝便知，因此，人们都称他是“赛陆羽”。这一天，在东岳茶庄开设的茶馆里，来了一位白髯拂胸的老僧人，想化一杯清茶喝。

张泰峰亲自沏了一盏沸茶端上来。老僧人呷了一口，朗声赞道：“施主以十里之外的山溪之水，烹峨眉云雾茶施舍于老衲，老衲感激之至！”

张泰峰一听老僧人的言谈，知道来了一位品茗的行家里手，便态度十分谦和地说：“老禅师既然喝出水是好水，茶叶是好茶叶，但不知我烹茶的火候如何，还望禅师不吝赐教！”

老僧人见张泰峰态度诚恳，便莞尔一笑：“施主烹茶的火候无误，但用水不当，可惜这盏茶是用飞瀑之水烹成的，水性太硬，因而茶香易散。倘若采用溪中涌动之水，水性不至于如此之硬，则会保持茶香绵长。”

品茶能品出溪水、井水之别已属罕见，岂能分辨出溪水中的飞瀑之水与涌动之水？张泰峰认为老僧人是故弄玄虚，摇头不信，急忙找来汲水的茶庄伙计询问。一问，果不其然！伙计说是从泰山云步桥处的瀑布下汲回的水。

张泰峰对老僧人说：“明日清晨，敝茶庄再备下清茗一盏，届时请老禅师光临品尝！”老僧人起身告辞，双手合十有礼道：“老衲定来打扰！”

第二天，樵楼刚打五鼓，张泰峰便带着一只白瓷阔口茶盘和一截细竹竿，来到城外一处河滩芦苇丛中，用竹竿将芦苇叶上晶莹的露珠打落在茶盘里。一竿一竿地打，直打到旭日爬上东山头，才打满了一茶盘露水。卯时，老僧人如约来到茶馆。张泰峰将用露水烹好的茶，小心翼翼地用一盏小茶杯端上来，躬身行礼："请老禅师品尝。"老僧人呷了一口，连称"绝妙绝妙"。

张泰峰故意出难题，问道："老禅师可品尝出这是飞瀑之水，还是溪中涌动之水？"老僧人答道："这水是……"他欲言又止，接着频频摇头道："非溪水河水，亦非泉水井水，更非湖水塘水，恕老僧驽钝，委实喝不出是什么水来。"老僧人躬身相邀："老衲住在竹林寺，张老施主若有闲暇，请到寺中一游，老衲也奉上一杯清茶，请老施主品尝。"

张泰峰满口应允："三天后的中秋节，我一定前去拜访。"

中秋节的上午，张泰峰如约来到竹林寺，在一处草庵中见到了老僧人。两人叙礼之后，老僧人便烹了一壶茶端了上来，往茶杯里一斟，便有一股芬芳的异香扑鼻而来。

张泰峰喝了一口，顿觉甘洌异常，沁人心脾，特别是余味中的清香，更是令人回肠荡气！这一次该轮着他作难了，人间绝无此种水，难道天河舀将来？

老僧人像是猜透了他的心意，笑着问："老衲所用烹茶之水，比前几天张老施主所用的芦苇露水如何？"

张泰峰心中不免吃惊："老禅师早就知道那是芦苇叶上的露水？"

"老衲为何不知？那一天，老衲一喝便知是从天上新落下来的无根之水，最近月余没有落过雨，施主不是收集的露水还会是什么？露水中的清甜气味很浓，不是芦苇上的露水又是什么呢？"

张泰峰惊得目瞪口呆，再也没有与老僧人较量品茗的勇气了，忙躬身求教："老禅师这次烹茶用的是什么水？我委实不知，还望赐教。"

老僧人笑着解释:“你还记得三年前的严冬吗?咱们泰安连降三场大雪。第一场雪洗涤掉了树头之尘埃;第二场雪润出松叶之清香;到了第三场雪,老衲才从松枝上打落了一坛子雪花,埋在泰山的背阴泉旁边。直到今天,才开坛取出雪水给施主烹茶用。”

二、雨水

雨水亦为古人赞美。田艺蘅在《煮泉小品》中写道:“雨者,阴阳之和,天地之施,水从云下,辅时生养者也。和风顺雨,明云甘雨。《拾遗记》,‘香云遍润,则成香雨。’皆灵雨也,固可食。若夫龙所行者,暴而霪者,旱而冻者,腥而墨者,及檐溜者,皆不可食。”意思是,雨是天地间阴阳相和,天地所布施之物,水从云而下,与天时相应则能生息万物;风和雨顺,则云气明朗、雨水甘甜。《拾遗记》中说:“香云遍润,则成香雨。”这些诗作描绘的都是蕴含灵气的雨,是可以饮用的。但如果雨水滂沱,有若龙行其间;或者大雨顷刻而来,又连绵不止;或者天时干旱且冷;或者腥气浓重,色泽发黑;或者从屋檐滴落下来的雨水,都是不能喝的。

明屠隆在《考槃余事·择水》中写道:“天泉,秋水为上,梅水次之。秋水白而冽,梅水白而甘。甘则茶味稍夺,冽则茶味独全。故秋水较差胜之。春冬二水,春胜于冬,皆以和风甘雨,得天地之正施者为妙。惟夏月暴雨不宜,或因风雷所致。”可见,古人认为,雨水因季节不同而有高下之别,一般在无污染的情况下,沏茶雨水的品质如下。

秋雨:天高气爽,空气中的微生物和灰尘少,水味清冽,泡茶滋味爽口回甘,是雨水中的上品。

梅雨:天气沉闷,阴雨绵绵,水味甘滑,较为逊色。

春雨、冬雨：取和风甘雨，亦可沏茶；春雨胜于冬雨。

夏雨：雷雨阵阵，飞沙走石，水味“走样”，水质不净，泡茶茶汤易浑浊，不宜饮用。

（一）雨水的成分

雨水的成分主要是水，如遇雷雨，雨水中会含有少量的臭氧分子（由闪电造成）。现代研究认为雨水中含有大量的负离子，有“空气中的维生素”之美称。

（二）雨水的功效

《本草纲目》中解释雨为：“地气升为云，天气降为雨，故人之汗，以天地之雨名之。”

雨水气味平、咸，无毒。不同时节的雨水，有着不同的功效。《本草纲目》记载，立春时节的雨水，其性始是春升生发之气，可以煮中气不足、清气不升之药，甚至可治疗不孕不育。梅雨水，可洗疮疥，灭瘢痕。立冬后十日为入液，至小雪为出液，这段时间的降雨称为液雨，也称为药雨。液雨水可以杀百虫，适宜用来煎杀虫、消积之药。

（三）宜茶雨水的采集

采集雨水是很讲究的，最考究的雨水是用张开的细白布收集的。草屋的屋顶不能用来积雨水，腐蚀了的草会污染雨水。通常是瓦屋的屋顶承担给水的重任。屋檐下刚滴下的雨水是不收集的，屋顶上的灰沙草叶、虫尸鸟粪、鼠屎猫尿要让雨水冲刷干净后才行。

刚积的雨水不宜马上用来泡茶，古人认为它有一股烟火味。人间亿万烟囱排出的水汽浓烟变成了云，化成了雨。讲究的人把雨水贮存一年以上才喝，贮存了一年的雨水就喝不出烟火味了。长期贮存雨水的大甓放在遮阳荫蔽的地方或密室里。刚从屋檐下积起的雨水，要让它沉淀两天，然后再灌进长期贮水的大甓。那些长期贮水的大甓的甓口要用棉布木盖盖严，以防灰尘和蚊虫产卵。

古人对贮水也颇有研究：要贮水得法。如明代熊明遇在《罗岕茶记》中指出："养水须置石子于甓……"明代罗廪在《茶解》中曰："大甓满贮，投伏龙肝一块，即灶中心干土也，乘热投之。贮水甓预置于阴庭，覆以纱帛，使昼挹天光，夜承星露，则英华不散，灵气常存。假令压以木石，封以纸箬，暴于日中，则内闭其气，外耗其精，水神弊矣，水味败矣。"

（四）雨水茶事

雨水烹茶，古已有之。北宋苏东坡在《论雨井水》一文中说："时雨降，多置器广庭中，所得干滑不可名，以泼茶煮药，皆美而有益。"清人徐士鋐在《梅水烹茶诗》中云："阴晴不定是黄梅，暑气熏蒸润绿苔。瓷甓竞装天雨水，烹茶时候客初来。""梅水"就是梅雨季节露天承接的雨水。过去，江浙一带的小天井里大多置有甓缸，每到黄梅雨季节，家家户户接得缸满甓满。据说梅水甜滑，甚至胜过山泉，贮存在缸内，水味经年不变。

《红楼梦》中妙玉为贾母冲泡老君眉用的便是雨水，书中写道，"贾母道：'我不吃六安茶。'妙玉笑说：'知道，这是老君眉。'贾母接了，又问：'是什么水？'妙玉笑回：'是旧年蠲的雨水。'"妙玉用精心收存的洁净雨水为贾母冲泡老君眉。雨水是软水，用来泡茶，汤色鲜亮，香味俱佳，饮过之后，仿佛有一种太和之气，弥留于齿颊之间，余韵不绝。

三、腊雪

雨为古人所赞美，雪更为古人所推崇。明代田艺蘅在《煮泉小品》中写道，“雪者，天地之积寒也。《氾胜书》：‘雪为五谷之精。’《拾遗记》：‘穆王东至大骑之谷，西王母来进嵰州甜雪。’是灵雪也。陶谷取雪烹团茶。而丁谓《煎茶》诗：‘痛惜藏书箧，坚留待雪天。’李虚己《建茶呈学士》：‘试将梁苑雪，煎动建溪春。’是雪尤宜茶饮也。处士列诸末品，何邪？意者以其味之燥乎？若言太冷，则不然矣”。意思是说，雪是天地间寒气的积累。以上引用记载都说明雪水是适宜用来泡茶的。

腊雪

（一）腊雪的成分

雪水的结构非常奇特。首先，雪水中含的重水比普通水少 1/4。这是由于重水比普通水的饱和水气压小，蒸发成水汽凝结成云的机会就少。重水对各种生物的生命活动有强烈的抑制作用，是一种致命水。实验表明，农作物种子在重水中不会发芽，鱼类在含有 30% ～ 50% 重水的水中就会很快死亡。这是因为重水是由一个氧原子和两个氘原子组成的，氘的原子核除了与氢一样有一个质子外，还多了一个中子，因此，重水是一种带放射性的物质，对生物的生命有着严重的危害。雪水中的重水少了，自然有益于生物的生命延续。

另外，雪水的结构状态与普通水也不同。一般情况下，水的形态变化总是先由水蒸气凝结为水，再由水凝结为冰。而雪则不同，大多是由水气直接凝聚而成，在这种剧烈的冷凝过程中，很少混入其他气体。据研究，这种排除了其他气体的水，结构紧密，表面张力大，分子内部压力和相互作用力也显著增加，在性质上已接近生物体内的细胞水，具有很强的生物活性，机体吸收雪水的能力比吸收普通水的能力大 2 ～ 6 倍。当雪水进入生物体后，可激发酶的作用，促进新陈代谢，表现出极高的生物活性。科学研究证实，雪水不仅有益于人体健康，而且种子经雪水浸泡后播种，能够显著增产；雪水喂猪，猪长得更壮实；雪水喂鸡，可增加鸡蛋产量。可见，雪水不愧是一切生物的宝水。

（二）腊雪的功效

《本草纲目》对雪水的评价是：“其甘冷无毒，解一切毒，治天行时气温疫、小儿热痫狂啼、大人丹石发动、酒后暴热。”在民间，腊月雪水被百姓称为“廉价药”，应用非常广泛。一般的水烫、火烫致伤者，将伤处浸泡在雪水中数分钟，重者连浸数次，能很快消炎止痛，不起水泡，不感染，皮肤平复如故。如烫伤后时间拖延较长，受创面已起水泡，或已感染溃烂者，也可用浸雪水的多层纱布敷受创面，并不断淋以雪水，保持湿润，同样可以消炎止痛，去腐生肌，如此几天，受创面就会结痂、愈合。凡因上火而致的双眼红肿，用腊月雪水洗浸双眼，可散热消肿。盛夏湿热，容易生痱子，用腊月雪水涂抹，可消痱止痒。喝酒贪杯之人，常因过量而头晕目眩，此时若能喝两杯温热的腊月雪水，可清醒神志。经常用雪水洗澡，不仅能增强皮肤与身体的抵抗力，减少疾病，而且能促进血液循环，增强体质。长期饮用洁净的雪水，可益寿延年，这是那些深山老林中老人长寿的秘诀之一。医学研究还表明雪水能防治动脉硬化，使血液中胆固醇含量显著降低。

（三）宜茶腊雪的采集

雪是大自然赐予人类的甘甜良药。冬雪纷飞之时，有条件者，可置一容器，采集树丛、草地、山岭上的干净积雪，加盖密封，备作疗治小伤小病和作夏季饮料之用。古代文人雅士喜爱收集梅花雪水，当梅花盛开时，将落于梅花花瓣上的雪，以洁净鹅毛从花瓣上扫下，贮入小陶罐，密封罐口，深埋于花树旁的土中，隔年后取出用以泡茶。要注意的是，近年来由于大气污染比较严重，收集新雪时，应尽量剔除可能含有污染物的表层雪。

古人使用雪水时多用旧年陈水，认为雪水存放后味更甘甜。清人袁枚在《随园食单》中记载：“然天泉水、雪水力能藏之。水新则味疏，陈则味甘。”

（四）腊雪茶事

继陆羽之后，唐宋以来的品泉者认为雪水烹茗是高人雅事，在诗词中常有咏赞以雪水煎茶的诗句。唐代白居易的《晓起》诗中有：“融雪煎茗茶，调酥煮乳糜。”唐代陆龟蒙与皮日休所作的唱和咏茶诗中有：“闲来松间坐，看煎松上雪。”宋代陆游的《雪后煎茶》中有：“雪夜清甘涨井泉，自携茶灶自烹煎。”宋代辛弃疾的词中有：“细写茶经煮茶雪。”元代刘敏中的《浣溪沙》中有：“旋扫太初岩顶雪，细烹阳羡贡余茶。”元代谢宗可道：“夜扫寒英煮绿尘。”清人袁枚道：“就地取天泉，扫雪煮碧茶。”从这些咏茶诗中我们可以领略到古代的高人雅士赏雪景、煎雪茶的情景，美妙而惬意。他们在漫天飞舞的大雪之后，来到松林之间，或山泉之畔，燃风炉，烹新雪，煮香茗，或即兴低吟，或和诗高唱，细细品尝和领略大自然赐予的凛冽甘芳，这与茶道体悟天心的追求极为洽合。

妙玉雪水烹茶

《红楼梦》中第四十一回“贾宝玉品茶栊翠庵”，说的是妙玉拉宝钗、黛玉进了耳房，宝玉悄悄跟了来。妙玉用梅花上的雪水泡茶给他们品，“宝玉细细吃了，果觉轻淳无比，赞赏不绝。”黛玉问妙玉：“这也是旧年的雨水？”妙玉回答：“这是……收的梅花上的雪……，隔年蠲的雨水，那有这样轻淳？”

雪水洁净清灵，甚至可同天下名泉媲美。清人陆以湉在《冷庐杂识》中写道，清代乾隆皇帝“遇佳雪，必收取，以松实、梅英、佛手烹茶，谓之三清。尝于重华宫集廷臣及内庭翰林等，联句赋三清茶诗”。实际上，乾隆皇帝对雪水是颇有好感的。他在钦定北京玉泉为“天下第一泉”之后说：“然则，更无轻于玉泉者？曰，有！乃雪水也，轻于玉泉斗轻三厘。雪水不可恒得。”这说明，以乾隆皇帝品泉实践及其衡量标准，以雪水烹茶，甚至胜于“天下第一泉”玉泉之水，可见，从某种角度看，乾隆皇帝是把雪水当成“天下第一水”了。

第三章

地　　水

第一节　地水种类

地水包括地表水和地下水。

地表水是陆地表面上各种液态、固态水体的总称。存在于地壳表面，暴露于大气的水，是河流、冰川、湖泊、沼泽四种水体的总称，亦称“陆地水”。它是人类生活用水的重要来源之一，也是水资源的主要组成部分。全球陆地上地表水储量为2430万立方千米，只占全球总储水量的1.75%，且分布极不均匀。河流是最活跃的地表水体，它水量更替快，水质良好，便于取用，是人类开发利用的主要对象。

地下水是贮存于地表以下岩土层中水的总称。广义地下水包括土壤、隔水层和含水层中的重力水和非重力水，狭义地下水指土壤、隔水层和含水层中的重力水。按埋藏条件，地下水又可分为浅层地下水和深层地下水两种。地下水具有地域分布广、可随时接受降水和地表水体补给、便于开采、水质良好、径流缓慢等特点。因此，其具有重要的供水价值。泉水、井水都属于地下水。

一、泉水

泉水是地下水的天然露头，埋藏于地下的不同类型的水都可能以泉的形式排出地表。泉水在山区较为常见，因为山区的地形多经山体运动的强烈切割，有利于地下水流出。泉水按流出地面的差异，可分为下降泉和上升泉；按泉水的温度，可分为冷泉、微温泉、温泉、热泉、沸泉；按泉的涌出状态，可分为长流泉和间歇泉；按含水层的空隙性质，又可分为孔隙性的、裂隙性的和岩溶性的。

泉水

矿泉是从地下深处自然涌出的或经人工揭露的、未受污染的地下矿水，含有一定量的矿物盐、微量元素或二氧化碳气体；在通常情况下，其化学成分、流量、水温等动态变量在天然波动范围内相对稳定。

田艺蘅在《煮泉小品》中总共品评了六种泉水，分别是醴泉、玉泉、乳泉、朱砂泉、云母泉、茯苓泉。这些泉水不仅味道独特，还具有特殊的医用价值，是泉水中的奇异之品。

醴泉，甜美如酒的泉水。锡林浩特市阿尔善宝力格苏木境内，有一处泉水，水温很低，口味类似啤酒，四季不涸。常饮此泉，对胃病、皮肤病和风湿性关节炎都有很好的疗效。

醴泉

玉泉，又名玉液。《神农本草经》认为玉泉味甘，性平，可以治疗“五脏百病”，能“柔筋强骨，安魂魄，长肌肉，益气”。

乳泉，石钟乳的精髓。泉水色泽白，水质重，味道特别甘甜清香，就像甘露。

云母泉，是矿泉的一种。泉水明亮光泽，可以炼制成膏，泉水滑而甘甜。湖南岳阳华容县境内，有一处云母泉，名气极盛，很有养生价值，古往今来附近居民饮用该山泉水很少得皮肤病。

茯苓泉，是泉眼边伴生了茯苓的山泉，可能茯苓与水质之间有某种良性的生态关系，茯苓泉格外甘美。

云母泉

二、井水

井水大多属于地下水之中的潜水。潜水是地面以下第一个隔水层以上的底层所蕴含的重力水，它的水面随着气候变化会发生一定的变化，气候多雨，潜水的水面会高一些，井水的水面也就跟着高一些；气候干旱，潜水的水面会低一些，井水的水面也会随之降低，甚至干涸。当然，也有个别深井，能够连通到深层地下水的水脉，即使在大旱之年也不会干涸。

井水

三、溪水

溪水

溪水是指水道比较狭窄，水流速度变化多端的自然淡水。通常的溪水都在河流上游的山谷一带，在湍流和不平坦的河床处亦较常见到。溪水有四个特点：一是水道较窄，一般在 2 ～ 5 米；二是较浅，水深一般不超过 1 米；三是溪滩大多为石头，底层多为黄沙；四是一般由山谷流出，最终流向江河。有一首诗《溪水》表达得比较形象："春风化雨过山坡，溪涧潺潺一路歌。四面归途合奋涌，万方志向汇成河。"

四、江河之水

中国有许多源远流长的大江大河，是世界上河流最多的国家之一，其中流域面积超过 1000 平方千米的河流就有 1500 多条。

（一）中华民族的母亲河：长江、黄河

1. 长江：长江发源于青藏高原，它的最上源是唐古拉山主峰各拉丹冬雪山西南侧的沱沱河，流经青海、西藏、云南、四川、湖北、湖南、江西、安徽、江苏、上海十个省、市、自治区，注入东海。长江全长 6300 千米，流域面积超过 180 万平方千米，是我国第一大河，世界第三长河。

长江

2. 黄河：黄河发源于青藏高原巴颜喀拉山北麓的约古宗列盆地，流经青海、四川、甘肃、宁夏、内蒙古、山西、陕西、河南和山东九省、自治区，注入渤海。黄河全长 5464 千米，流域面积约 75 万平方千米，是我国第二大河。黄河是世界上含沙量最大的河流，其 90% 的泥沙来自中游黄土高原。

黄河

（二）东北地区

主要江河有：黑龙江、松花江、乌苏里江、鸭绿江、牡丹江、嫩江、辽河、呼兰河、浑河、大凌河。

（三）华北地区

主要江河有：海拉尔河、滦河、白洋滨、海河、汾河、滹沱河、沁河、永定河、拒马河、京杭大运河。

（四）华东地区

主要江河有：黄浦江、钱塘江、新安江、楠溪江、富春江、瓯江、杭甬运河、新沂河、盐河、通扬运河、淮河、秦淮河、涡河、洪河、汀江、闽江、九龙江、晋江、信江、修水、赣江、抚河、沂河、大汶河、泗河。

（五）西北地区

主要江河有：格尔木河、湟水、沱沱河、渭河、黑河、洮河、疏勒河、石羊河、大夏河、泾河、清水河、塔里木河、伊犁河、额尔齐斯河、乌伦古河。

（六）西南地区

主要江河有：金沙江、雅鲁藏布江、乌伦古河、拉萨河、狮泉河、象泉河、察隅河、帕隆藏布、年楚河、雅砻江、大渡河、嘉陵江、岷江、沱江、大宁河、澜沧江、怒江、元江、南盘江、瑞丽江、乌江、赤水河、北盘江、清水江。

（七）中南地区

主要江河有：颍河、洛河、汉江、清江、荆江、沅江、湘江、资水、澧水、洪江、郁江、柳江、红水河、漓江、珠江、韩江、鉴江、漠阳江、南渡江、浊水溪、高屏溪、淡水河、曾文溪、大甲溪。

五、湖水

我国湖泊众多。东部平原湖区共有大小湖泊 834 个，较著名的湖泊有洞庭湖、洪泽湖、鄱阳湖、巢湖、太湖、淀山湖、东钱湖、南四湖、白洋淀、七里海、日月潭等。蒙新高原湖区共有大小湖泊 879 个，较著名的湖泊有呼伦湖、运城盐湖、红碱淖、文县天池、罗布泊等。云贵高原湖区共有大小湖泊 73 个，较著名的湖泊有滇池、洱海、泸沽湖、草海、邛海、九寨沟海子群等。青藏高原湖区共有大小湖泊 1437 个，较著名的湖泊有纳木错、青海湖、察尔汗盐湖、鄂陵湖等。东北平原与山地湖区共有大小湖泊 192 个，较著名的湖泊有镜泊湖、五大连池、扎龙湖、长白山天池等。

淡水湖是湖水含盐量较低的湖泊。中国的淡水湖主要分布在长江中下游平原、淮河下游和山东南部，这一地带的湖泊面积约占中国湖泊总面积的三分之一。中国五大湖指中国的五个面积最大的淡水湖，它们分别是江西省的鄱阳湖、湖南省的洞庭湖、江苏省的太湖和洪泽湖，以及安徽省的巢湖。

1. 鄱阳湖：鄱阳湖古称彭泽，面积达 3914 平方千米，是中国的第一大淡水湖，它上承赣江、抚河、信江、饶河、修河五江河之水，下通长江，南宽北窄，像一个巨大的葫芦系在长江的腰上，它每年流入长江的水超过了黄河、淮河和海河三河的总流量，是长江水流的调节器。

鄱阳湖

2. 洞庭湖：洞庭湖是中国的第二大淡水湖，跨湖南、湖北两省，它北连长江，南接湘、资、沅、澧四水，号称“八百里洞庭湖”。洞庭湖的意思就是神仙洞府，可见其风光之秀丽迷人。其最大的特点便是湖外有湖，湖中有山。洞庭湖是著名的鱼米之乡，其物产极为丰富。

3. 太湖：太湖位于江苏和浙江两省的交界处，长江三角洲的南部。它是中国东部近海区域最大的湖泊，也是中国的第三大淡水湖。其面积达 2400 平方千米，流域面积达 36895 平方千米，是上海和苏锡常（苏州、无锡、常州）、杭嘉湖地区最重要的水源。

4. 洪泽湖：洪泽湖位于江苏北部，是一个浅水型湖泊，水深一般在 4 米以内，最大水深 5.5 米。洪泽湖上承淮水，南泄长江，东注黄海，湖长 65 千米，平均湖宽 24.26 千米，水域面积达 1576.9 平方千米，是我国平原水库型湖泊中面积最大的一个。

5. 巢湖：巢湖位于安徽省中部，地处长江与淮河两大河流之间，属于长江下游左岸水系，其基本形状如鸟巢状，故得名巢湖。其东西长 54.5 千米，南北宽 21 千米，水域面积约 769.5 平方千米，为安徽境内最大的湖泊，沿岸为合肥市、巢湖市、庐江县。

第二节　宜 茶 地 水

一、泉水

泉水大多出自岩石重叠的山峦。山上植被繁茂，由山岩断层细流汇集而成的山泉，富含二氧化碳和各种对人体有益的微量元素；而经过砂石过滤的泉水，水质清净晶莹，含氯、铁等化合物极少，用这种泉水泡茶，能使茶的色、香、味、形得到最大发挥。但也并非所有山泉水都可以用来沏茶，如硫黄矿泉水是不能沏茶的。

我国泉的总数有10万处之多。其中因水质好而闻名遐迩的“名泉”也有上百处之多。泉水是人们泡茶用水的上佳之选，这不仅因为多数泉水都符合“清、轻、甘、冽、活”的标准，确实宜于烹茶，而且泉水多出自名山幽谷，其姿汩汩涓涓，其声淙淙潺潺，引人遐想，为茶艺平添了几分野韵、几分幽玄、几分神秘、几分美感，所以在中国茶艺中十分注重泉水之美。寻访名泉是茶人们津津乐道的佳话趣谈，是中国茶道的迷人乐章。但泉水也不是随处可得的，因此，对多数茶客而言，只能视条件和可能去选择宜茶水品了。

（一）泉水的成分

泉水首载于《本草拾遗》。《品汇精要》谓：“穴沙石面出者，谓之泉水……”《本草纲目》记载：“出岩泉水，此山岩土石间所出泉，流为溪涧者也……其泉源远清冷，或山有玉石美草木者为良；其山有黑土毒石恶草者不可用。”古本草书籍中认为新汲的、未被污染的井泉水均有某种医疗价值。姚可成的《食物本草》中载有各地名泉649处，有的能养生保健，有的可用以治病，还有的仅可用以洗浴而不可饮服，其功用随各处地质不同而有差异。现标准《饮用天然矿泉水》(GB 8537—2008)规定：“饮用天然矿泉水”标准，即针对“来自地下深部循环的天然露头或经人工揭露的深部循环的地下水”，在保证卫生和细菌学指标安全的条件下加以开采利用。这比古代对泉水的要求科学、严格。

（二）泉水的功效

泉水是我国民间特别认知的一种饮用水，陆羽在其著作《茶经》中指出，“山水上，江水中，井水下”，认为用来泡茶的水，以来自山中流出的山泉水最佳。

在我国民众的普遍认知中，泉水是流经无污染的山区，经过山体净化作用而形成的天然饮用水。水源可能来自雨水，或来自地下，并暴露在地表或在地表浅层中流动，水源在层层滤净与流动的同时，也溶入了对人体有益的矿物质成分，比起经过深度净化的纯净水或从天然湖库中取得的地表水及自来水等，其有益微量成分含量更高。

众所周知，蛋白质、脂肪、碳水化合物、膳食纤维、维生素、矿物质和水是人体必需的七大营养素，是人体维持正常生命运转的物质基础。泉水能同时为人体补充矿物质和水这两种人体所需的营养素。山泉水中含有钙、镁、钾、偏硅酸等天然矿物质和微量元素，这些物质对于增强机体免疫功能，延缓衰老，预防肿瘤，防治高血压、痛风与风湿性疾病等有着良好的作用。钙能够有效预防动脉硬化、高血压、骨质疏松、结石等，还可促进婴幼儿及青少年的生长发育。镁能够激活多种酶的催化活性，保护心血管系统和神经系统。钾能够维持心肌功能，改善心率紊乱，帮助维持细胞的新陈代谢及细胞内液的酸碱平衡。钠能够促进肌肉收缩，调节心血管功能，改善消化系统。偏硅酸对人体心血管、骨骼生长等具有保健功能，同时其具有良好的软化血管功能，可使人的血管壁保持弹性，故对动脉硬化、心血管和心脏疾病能起到明显的缓解作用。

（三）茗茶优泉

在我国广袤的土地上，名泉星罗棋布，其中茶人们最珍爱的莫过于五个“天下第一泉”。

1. 庐山康王谷谷帘泉。

康王谷位于庐山脚下星桃花源风景名胜区内，是一条长达7千米的狭谷地，垅中涧流清澈见底，清溪的源头就是谷帘泉。谷帘泉来自大汉阳峰，从筲箕洼破空跌落于枕石崖上，流水与岩石相碰撞，激起水珠喷洒飞溅，如雨如雾，在阳光下五光十色，晶莹夺目，恰似一幅玉帘悬于山中。茶圣陆羽将天下名水排出二十等次，将庐山康王谷谷帘泉列为天下第一泉。他曾两次结庐隐居于此品茶著书。自从陆羽评定谷帘泉为“天下第一泉”后，谷帘泉便名扬四海，历代文人墨客接踵而至，争相品水题咏，留有众多华章佳句。

谷帘泉

北宋著名学者王禹偁称在《谷帘泉序》中写道：“其味不败，取茶煮之，浮云蔽雪之状，与井泉绝殊。”他还挥笔题诗曰：“泻从千仞石，寄逐九江船。迢递康王谷，尘埃陆羽仙。何当结茅室，长在水帘前。”

苏东坡曾有名诗《元翰少卿宠惠谷帘水一器、龙团（茶）二枚，仍以新诗为贶，叹味不已，次韵奉和》，其诗曰：“岩垂匹练千丝落，雷起双龙万物春。此水此茶俱第一，共成三绝鉴中人。”苏东坡确实得品茗三味，他写诗赞颂名山名泉配名茶，并自称自己是三绝的“鉴中人”，后人用庐山所产的云雾茶来配谷帘泉灵水，亦被视为珠联璧合之美。

大诗人陆游亦曾到庐山汲取康王谷谷帘泉之水烹茶，他在《试茶》诗中有“日铸焙香怀旧隐，谷帘试水忆西游”之句，并在《入蜀记》中写道：“谷帘水……真绝品也。甘腴清冷，具备众美。非惠山所及。”

朱熹在《康王谷水帘》一诗中咏道：“采薪烹绝品，瀹茗浇穷愁。敬谢古陆子，何年复来游。”

在通向谷帘泉的路上建有一座石牌坊，正面正额“天下第一泉”五个大字为宋代书法家黄庭坚所书，副额“玄玉之膏，云华之液”是唐代道士吴筠对谷帘泉水的赞词；背面正额亦是“天下第一泉”五个大字，为元代大书法家赵孟頫所书，副额“卉木繁荣，和风清穆”摘自陶渊明的诗句。

2. 扬子江心第一泉。

扬子江心第一泉又称为镇江中泠泉或南零水、中零泉、中濡水。茶圣陆羽品评天下宜茶之泉水时，中泠泉名列全国第七，稍陆羽之后的后唐名士刘伯刍把宜茶的水分为七等，扬子江的中泠泉名列第一。自唐代迄今，中泠泉盛名不衰。据古书记载，长江之水至江苏丹徒县金山一带，分为三泠，有南泠、北泠、中泠之称，其中以中泠泉泉眼涌水最多。中泠泉原为江心泉，唐代时，处于长江漩涡之中，长江水势浩荡，波涛汹涌，急涡巨漩，所以汲中泠泉水极为困难。《金山志》记载：“中泠泉，在金山之西，石弹山下，当波涛最险处。”宋代苏东坡诗云：“中泠南畔石盘陀，古来出没随涛波。”陆游游金山时也留有诗句：“铜瓶愁汲中濡水。”足见宋代汲取中泠泉水仍然很困难。

中泠泉

清咸丰、同治年间，由于江沙堆积，金山与南岸陆地相连，泉源也随金山登陆。中泠泉上岸后曾一度迷失，后于同治八年（1869 年）被候补道薛书常等人发现，遂命石工在泉眼四周叠石为池，并由常镇通海通观察使沈秉成，于同治十年（1871 年）春写记立碑，建亭。中泠泉由此变成了陆地泉。光绪年间镇江知府王仁堪又在池周造起石栏，并拓池 40 亩，开塘种植荷茭，又筑土堤，种柳万株，以抵挡江流冲击，使柳荷相映，十分秀丽。现镌刻在方池南面石栏上的“天下第一泉”五个遒劲大字，为王仁堪所书。池旁盖楼建亭，池南建有一座八角亭，双层立柱，直径为七米，十分宽敞，取名“鉴亭”，是以水为镜，以泉为鉴之意。亭中有石桌、石凳，供游人小憩，十分风凉幽雅。池北建有两层楼房一座，楼上楼下为茶室，环境幽静，林荫覆护，风景清雅。楼下层前壁左侧，嵌有沈秉成所书“中泠泉”三字石刻；右侧为沈秉成“中泠泉”及薛书常“中泠泉辩”石刻。

中泠泉水宛如一条戏水白龙，自池底汹涌而出。“绿如翡翠，浓似琼浆”，泉水甘冽醇厚，用以沏茶，清澈甘香。相传有“盈杯之溢”之说，贮泉水于杯中，水虽高出杯口二三分仍不溢出，水面放上一枚硬币，不见沉底。清代的张潮在《中泠泉记》中说饮中泠泉水泡的茶“但觉清香一片从齿颊间沁人心胃，二三盏后，则薰风满两腋，顿觉尘襟涤尽……味兹泉则人皆有仙气”。

3. 北京玉泉。

玉泉位于北京颐和园以西的玉泉山南麓，以水清而碧、澄洁如玉而得名。玉泉自山间石隙中喷涌而出，淙淙之声悦耳。下泄泉水，艳阳光照，犹如垂虹，明时已列为“燕京八景”之一。据传，清帝乾隆每次巡视全国各地时，都让属下带一只银斗称量各地名泉的重量，经评比，玉泉的水重量最轻且极甘冽，长期饮用还能祛病益寿，所以赐封玉泉为“天下第一泉”。他还特地撰写了《玉泉山天下第一泉记》，记中写道：“则凡出于山下，而有冽者，诚无过京师玉泉，故定为天下第一泉。”乾隆皇帝钦定的其他名泉依次为：塞上伊逊之水第二，济南珍珠泉第三，扬子江金山泉第四，无锡惠山泉、杭州虎跑泉并列第五，平山泉第六，清凉山、白沙井、虎丘泉及西山碧云寺泉均为第七。《玉泉山天下第一泉记》全文交给当时的户部尚书、军机大臣汪由敦书写后刻石立于泉旁。在清代玉泉是宫廷茗饮御用泉水，泉眼在皇室修建的澄心园（后更名为静明园）园内。

对于玉泉的题咏比较出色的有明代著名书法家、礼部尚书王英的《咏玉泉》：“山下泉流似玉虹，清泠不与众泉同。地连琼岛瀛洲近，源与蓬莱翠水通。出润晓光斜映月，入潮春浪细含风。迢迢终见归沧海，万物皆资润泽功。”

北京玉泉山

4. 大明湖畔第一泉。

山东济南是著名的泉城，有趵突泉、黑虎泉、珍珠泉、五龙潭四大泉群，素有“四面荷花三面柳，一城山色半城湖”的美誉。早在《春秋》中就有关于济南泉水的记载。济南城内百泉争涌，历来有名泉七十二之说，济南趵突泉名列七十二泉之首。

趵突泉

“趵突”一名最早就出现在宋代著名文学家曾巩的诗文之中。所谓“趵突”，即跳跃奔突之意，反映了趵突泉三窟迸发、喷涌不息的特点。“趵突”不仅字面古雅，而且音义兼顾；不仅形容泉水“跳跃”之状、喷腾不息之势，而且模拟泉水喷涌时“卜嘟卜嘟”之声，可谓绝妙绝佳。据北魏地理学家郦道元《水经注》记载，“泉源上奋，水涌若轮”“固寰中之绝胜，古今之壮观也”。

趵突泉泉水从地下石灰岩溶洞中涌出，水清澈见底，水质清醇甘洌，含菌量极低，经科学检测，泉水符合国家饮用水标准，是理想的天然饮用水，可以直接饮用。“趵突腾空”为明清时济南八景之首。趵突泉水的温度一年四季恒定在18℃左右，严冬，水面上水气袅袅，像一层薄薄的烟雾，一边是泉池幽深，波光粼粼，一边是楼阁彩绘，雕梁画栋，构成了一幅奇妙的人间仙境。元代大书法家赵孟頫为趵突泉撰写有楹联：“云雾润蒸华不注，波涛声震大明湖。”趵突泉被誉为“第一泉”始见于明代晏壁的诗：“渴马崖前水满川，江水泉迸蕊珠圆。济南七十泉流乳，趵突洵称第一泉。”

相传清代乾隆皇帝下江南途经济南时品饮了趵突泉水，觉得这水竟比他赐封的“天下第一泉”玉泉水更加甘洌爽口，于是赐封趵突泉为“天下第一泉”，并写了一篇《游趵突泉记》，还为趵突泉题书了“激湍”两个大字。

除了乾隆皇帝赐封趵突泉为“天下第一泉”之外，蒲松龄也赋予其“第一泉”的桂冠。他在《趵突泉赋》中写道：“尔其石中含窍，也下藏机，突三峰而直上，散碎锦而成漪。波汹涌而雷吼，势澒洞而珠垂……海内之名泉第一，齐门之胜地无双。”

乾隆末年，山东按察使石韫玉为趵突泉题写了一联：“画阁镜中，看幻作神仙福地。飞泉云外，听写成山水清音。”

我国名泉固多，但像趵突泉这样“石中含窍，地下藏机”，能幻作神仙福地，听出山水清音的奇泉灵水确实绝无仅有。

5. 峨眉“神水”第一泉。

“峨眉天下秀”。峨眉山是我国国家级重点风景名胜区，又是佛教四大丛林之一。在秀色无边的峨眉大峨寺的神水阁前，有一泓清澈明亮的泉水，千年川流不息，遇旱也不涸。夏日用手去掬，冷气直透肌骨，品一口，直觉得涤肠荡胃，神清气爽。古人誉其为“饮之诧得仙”，并把这口泉尊为“神水”。因该泉水水质纯净，清冽甘甜，似玉液琼浆，所以又名“玉液泉”。

玉液泉

玉液泉也被古往今来的许多名人称为“第一泉”，泉边立有一块大石碑，上边镌刻着苏东坡、黄庭坚等不少著名的文人墨客赞咏玉液泉的诗词文章。峨眉山大峨寺一带盛产云雾茶，用玉液泉的“神水”冲泡云雾茶，茶汤清亮、清香扑鼻、入口甘爽、沁人心脾，并有保健功效，自古被认为是“二美含碧瓯，殊胜馔群玉”。

为什么“玉液神水峨眉茶，延年益智人人夸”呢？研究人员曾对玉液泉水进行过化验，结果表明，“神水”不仅没有污染，清醇甘活，而且水中含有微量的氡元素，对人体有强身保健的作用，所以峨眉“神水”堪称养生保健第一。

（四）泉水茶事

陆羽认为，山泉水泡茶最佳，因为山间潺潺流出的天然泉水富含矿物质和微量元素，有益人体健康，为水中之上品。茶有淡而悠远的清香，泉有缓而汩汩的清灵，两者都远离尘嚣，孕育于千年的秀美青山。茶性洁，泉性则纯，这都是历代文人雅士们孜孜以求的品性。

苏东坡谪居宜兴蜀山讲学时，非常讲究饮茶，有所谓“饮茶三绝”之说，即茶美、水美、壶美。苏东坡烹茶，特别钟爱金沙泉水，常遣僮仆前往金沙寺挑水。僮仆不堪往返劳顿，总是取其他河水代之，但被苏东坡识破。后来苏东坡准备两种不同颜色的桃符，分别交给僮仆和寺僧，每次取水必须和寺僧交换桃符，如此僮仆就无法偷懒了。

当今，许多茶学工作者根据各地的水源，通过物理和化学检测，用比较对照的方法，去寻觅宜茶之水。曾有专家采集了苏州寒枯泉水、黄山鸣弦泉水、杭州龙井水、京杭运河水、126 米的深井水、5 米的浅井水、苏州市的自来水和去离子水，分别用它们泡炒青茶，用仪器测定其理化指标，即茶汤的总硬度、pH 值、电导率和光密度值，同时专家对茶汤的香气、滋味和汤色进行感观评审。结果用泉水泡的茶汤各项理化指标优胜，色、香、味俱佳；其次是去离子水，但色、香、味偏淡；最后是浅井水，最差的是自来水、深井水和运河水。

关于虎跑泉水，还有一则民间传说。从前，在杭州虎跑山坞里，住着一位名叫杨春的茶农。他种茶、采茶、制茶、卖茶，也喜欢喝茶和品水，他每次进城卖掉茶叶后，总要到号称吴山第一泉的城隍山茶馆去喝茶。喝茶时，他总是说："这吴山第一泉，不及虎跑水哩！"茶馆老板听了不以为然，很不服气。有一天，他特地叫伙计去虎跑担来两桶泉水，等杨春到来后，便让伙计把一壶用虎跑泉水冲泡的热茶送到杨春手里，不料杨春刚呷上两口，立即喜形于色，连声赞道："好水，好水，就同我们虎跑山坞里的水一个味道！"茶馆老板闻言这才口服心服，连忙向杨春道出水之来源。杨春笑着来到水桶边，满满舀了一勺水，送到老板面前说："你先尝尝虎跑水，再喝喝吴山泉，就能分出水的高低了。虎跑水质醇、味好，泡出来的茶清香可口。"杨春边说边从衣袋中掏出几个铜钱，又装上满满的一杯虎跑泉水，将铜钱平放在杯子水平面上，只见铜钱浮在水面而不下沉，水已满出杯口却不外溢。众茶客见此，个个赞叹不绝。这时老板向在座茶客宣布："从今以后，我派人专门从虎跑取水来给诸位用茶。"众茶客道："何不把茶馆开到虎跑去？"老板认为言之有理，连连称好，从此，虎跑泉畔开起了一家新茶馆，四方新老茶客都纷纷慕名来此喝茶。"龙井茶、虎跑水"的名气也越传越大，很快闻名遐迩。这个传说更为动人地印证了沪杭两地茶学专家们的检测结论。这些都告诉人们：何处觅得宜茶水？山泉清流最相宜。

二、井水

田艺蘅在《煮泉小品》中写道："井，清也，泉之清洁者也；通也，物所通用者也；法也，节也，令节饮食，无穷竭也。其清出于阴，其通入于淆，其法节由于不得已。脉暗而味滞，故鸿渐曰'井水下'。其曰'井取汲多者’，盖汲多则气通而活耳。终非佳品，勿食可也。”意思是说，井，其意为清水，相当于清洁的泉水；通，万物以相互通达为用；井，也有法理、法度、节制的意思，是让人使用有节制，井水才不会穷尽。井水从地下出来，因此井水的清澈源于阴。井与地下相通，因此水质是混杂的。之所以要有节制地用井水，是因为井水有限，不得不如此。如果井水的水脉不明显、弱暗的话，味道就显得苦涩，所以陆羽说“井水为下”，还说“井水要取用那些汲取多的，出水多的”，这是因为经常汲取的井水，水中所蕴含的活气畅通，井水活性高。

田艺蘅提出利用井水时需注意以下几点。第一，从水质方面考虑，要选择那些出水多，常常为人取用的井水。流水不腐，这样的井水里不会堆积过多的有机质。第二，应该避免喝那些雨水汇集于其中的井水。实际上，民间用井，很多都会沏上井栏，上面再盖上一个小亭子，也是为了避免雨水带着地表污秽流入其中。第三，深井必须淘过之后水才能饮用。深井因为地下水位低，很可能累积了过多的矿物质和有机质，因此应该定期把其中的淤泥淘出，以保证水质清洁。

（一）井水的成分

井水属于地下水，悬浮物含量较低，透明度较高，但由于在地层的渗透过程中溶入了较多的矿物质和盐类，因而含盐量和硬度比较大，特别是城市水井，水源往往受到污染。用这种水泡茶，会损害茶味。井的第一层隔水层以上的地下水称浅层水，深度为 1 ～ 15 米；第一层隔水层以下的地下水，统称深层水。一般来说，深层地下水有隔水层的保护，污染少，水质洁净；而浅层地下水易被污染，水质较差。所以深井比浅井好。

不同地方的井水水质不一样，一般来说，城市里的井水，受污染多，多咸味，不宜泡茶；而农村井水，受污染少，水质好，适宜饮用。当然，也有例外，如湖南长沙市内著名的“白沙井”，是从砂岩中涌出的清泉，水质好，而且终年长流不息，取之泡茶，香味俱佳。黄土高坡的地下水普遍含氟过高，卡斯特地貌的地下水普遍含钙过高，还有一些地下水含铁、锰过高，各地情况差别很大，饮用之前最好进行水质化验，然后根据化验结果进行针对性的净化处理。除去除水中超标矿物质外，通常还要对井水进行除浊净化，过滤掉细菌和病毒。

（二）井水的功效

井水甘平无毒，古人常用于止血。如金疮出血、犬咬出血、衄血不止，均以井水洗之。此外，反胃、热痢、热淋等也用井水治疗或井水煎药服用。井水具有消热解毒、利水的功效。《本草纲目》认为常饮井水可以治疗小便赤热，过涩不畅。“井水新吸，疗病利人，平旦第一汲，为井华水，其功极广，又与诸不同，主治酒后热痢，洗目中肤翳……宜煎补阴之药，宜煎一切痰火气血药。”《濒湖集简方》中记载可用井水解酒：“烧酒醉死，急以新汲井华水，细细灌之，至苏乃已。”

（三）宜茶井水

神州大地著名的宜茶井水数不胜数，有的至今水源充足，甘甜可口，有的则早已干涸，成为废井，只能在茶文化古典书籍中寻觅芳踪了。

1. 故宫大庖井。其在北京故宫博物院文华殿东传心殿院内，井水清甜甘洌，可与北京西山玉泉之水相媲美，故有“玉泉第一，大庖第二”之说，井水至今仍未干涸。清代窦光鼐、朱筠等在《日下旧闻考》中记载:

"传心殿前左侧泉味独甘，甲于别井。今作亭覆其上。"

故宫大庖井

2. 香山满井和广泉寺井。清代吴长元在《宸垣识略》中写道："广应寺在卧佛寺西南里许。寺有白松，箕踞其下，望见碧云、香山诸寺。寺西为木兰陀。山顶玉皇庙，侧有满井，水可手掬。西山顶之井，广泉寺与此为二，甘冽似中泠。谷中瀹茗，取汲二井。"可知，满井和广泉寺井之水，甘冽可口，非常适合烹茶品茗。据记载，小说《红楼梦》的作者曹雪芹曾经常与好友张宜泉到此用满井和广泉寺井之水煮茶品茗，且两人留有诗歌唱和。

3. 苏州吴王井。其在江苏吴县西北25千米灵岩山顶，相传为春秋吴王时开凿。吴王夫差宠爱西施，为其在灵岩山筑馆娃宫避暑，吴王井就是为解决当时山顶饮用水问题而建。此井大而阔，据说西施常坐井边，以井水为镜梳妆打扮。吴王井至今碧水盈盈，清冽甘甜，不竭不溢，适宜泡茶。《食物本草》卷二中记载："吴王井水，味甘。主清心润肺，止渴生津，解酒除热，消痰治渴，和脏肺，利所表。"

苏州吴王井

4. 扬州四眼井。其在扬州老城区甘泉路南常府巷支巷大实惠巷 23 号门前，相传为明初名将开平王常遇春王府厨房用井。井口上有一石板，上凿四眼，4 只水桶放下去可以同时汲水。历经长久岁月，井水仍碧清充裕，甘甜可口，不失为宜茶之水。

扬州四眼井

5. 淳安铁井。其旧名为西井，原在浙江淳安城西，由宋绍圣进士汪常开掘，井圈直径为 5 米。政和七年铸铁井圈护栏，高 0.58 米，厚 0.02 米，直径为 1.14 米。县城迁至排岭后，铁井圈也移至排岭镇施家塘边新掘井上。铁井自古就为淳安五大名胜之一，有民谣为证："铜桥、铁井、小金山，石峡书院活龙山。"铁井井水极清冽，为宜茶之水。

6. 平阳烹茶井。平阳烹茶井在今浙江平阳。康熙三十三年《平阳县志》中记载："烹茶井，在松山，泉清美。"据载，有一年秋季，钱弘俶带王妃和诸子与愿齐等人到松山西北边不远的最高处九峰山（即南山）登高，将士介绍山上有烹茶井，泉水清美，并派人献上茶来，留下了"吴越钱弘俶与僧愿齐汲此井以论茗"的千秋史笔。

7. 郎溪郭母古井。其在今安徽郎溪。《大清一统志》卷九二"安徽·广德州"中记载："在建平县西南三十里，俗传仙人以药投井，水变为醴者，即此。"古井水至今水质清冽，水位高，天旱不退，为当地一大奇观。

8. 绩溪将军井。其在今安徽绩溪，位于城西裕丰仓右，今绩溪县人民医院一侧的小院内。其始掘于隋末，相传，汪华起兵时，屯兵秀野，士马渴无水，举足踢石，石落泉涌，于是开凿砌井，故名"将军井"，后废。明嘉靖二年，知县李帮直见民苦汲，搜获旧井，重建以便民，今井尚存。

9. 歙县八眼井。其在今安徽歙县城新南路的八眼巷，凿于宋初，初名殷公井。井呈圆形，井身直径为 3 米多。井栏使用的是四个麻石墩，每墩各凿两圆孔作井眼，共八个井眼，故名八眼井。石墩按九宫格排位，拼成一个正方形的方框，使得方框的每一边单看都有三个井眼。各石墩下有横架的石梁承托，方框正中是一小整块的正方形石板，铺在横架的石梁上，供放吊桶。井水清冽洁净，从未干涸过。《新安志》中载：井底有二穴，一通铜并潭，一通釜底潭，落井之物可于嗽城南扬之河中的两潭内见到。

10. 旌德方家井。其在今安徽旌德县隐龙村，掘于明代。有泉水从石底涌出，村人方式义筑井以蓄，虽盛夏，千家取之不竭。井呈圆筒形，由花岗石砌成，井深 3.15 米，水深 2.4 米，井筒直径为 1.9 米。井旁原有土地庙，尚存刻石，上书“昭鉴在前”。隐龙在《方氏宗谱》中称其“玉井千家”。清施润章在《方氏义井》中称：“山润长疑雨，千家旧井存。疏泉通地肺，倒海泻云根。饮酌人皆寿，冰霜气益湿。蛰龙应有窟，从此问来源。”

11. 休宁双泉井。其在今安徽休宁徽光乡霞塘村，掘建于明万历三十八年。井护栏上有两个井口，井栏前方刻有“双泉”两个大字，左侧刻有“万历庚戌岁仲冬吉日”；右侧刻有“咸川延陵郡吴氏口”等小字。井深两丈余，井壁呈正方形，由条石围砌。相传，其是徽光人金德瑛嫁妹的嫁妆。

12. 休宁双口井。其在今安徽休宁县城前街南口，开凿于明崇祯十五年。其以红砂石为井栏，长三尺、宽五尺，有两个圆形井口，直径为一尺。井内用条石砌成方形，为附近居民饮用水源。井圈南外侧刻有“崇祯壬午岁孟冬月众修”字样。

13. 休宁玄武林井。其在今安徽休宁蓝田乡小溪村北，掘建于明万历年间。当地两山坞口的土名为玄武林，故得其名。其以卵块石砌井壁，青石砌井围栏、井圈、井台。井圈内外均为圆形，高二尺，口径为四尺，水质清甘，久旱不涸，久雨不溢。

14. 黟县胡公井。其在今安徽黟县城内儒学（今碧阳小学）前，掘建于明正德年间。邑人胡拱辰为孔庙祭祀，需取洁水，遂凿此井，故名“胡公井”，今仍供居民饮用。

15. 黟县吴家古井。其在今安徽黟县城泮邻街。其青石方形井圈护栏上刻有“吴家古井”四字。其井口有三眼，故又名上三眼井，可供三人同时汲水，并能防止意外落井事故发生，今仍供人们饮用。

吴家古井

16. 杏花村古井。其在今安徽贵池城西。古时，杏花村横贯十里，遍植杏树，称“十里杏花村”。唐会昌四年，诗人杜牧由黄州迁官池州刺史，清明时节游杏花村，酒后吟诵《清明》诗云：“清明时节雨纷纷，路上行人欲断魂。借问酒家何处有，牧童遥指杏花村。”旧有“十里杏花，十里酒肆”之说，古井为酿酒之泉。

杏花村古井亭

17. 莆田梅峰井。其在今福建省莆田县西北梅山光孝寺。井水甘冽。宋代林鼐赋云“饮梅山之井者无废疾”，指的就是梅峰井之水。

18. 南昌鹿井。其在今江西南昌。雍正十年《江西通志》中记载：“南昌府鹿井，在府城西南七十里久驻村。井在溪中，天旱溪涸，井乃见。紫石回旋，肤色光莹，石罅中清泉涌出，以烹茗，辄成紫色。曾有群鹿饮其中，故名。”

19. 进贤圣井。其在今江西进贤南10千米处，麻姑山麻姑观之东。井水冬夏如一，味甘而冽，宜于烹茗。

20. 赣州灵泉井。其在今江西赣州。雍正十年《江西通志》中记载：“府治东坊江东庙前灵泉井，烹茶味佳，兼可愈疾。”

21. 上饶宫井。其在今江西上饶。雍正十年《江西通志》卷一一中记载：“宫井，在府城阛阓坊，又名义井。宋嘉泰间义门郑安寿修，明万历癸巳翁元勋等再浚九井，在高泉院内，四时不竭。今止存佛殿前一井，寺僧架辘轳其上，取以烹茗。”

22. 德兴乌龙井。其在今江西德兴。雍正十年《江西通志》卷一一中记载：“乌龙井，在德兴县东兴宝坊。其水澄泓，四时不竭。”

乌龙井

23. 婺源龙泉井。其在今江西婺源城西南中云村后门塘，距县城20千米。唐广明间，王云避战乱，由歙县篁墩徙此，望井气上腾如云，凝成彩色，谓然曰："此祥云所钟也。"饮之，泉水味甘，有香意。因此他卜居于此地，以昭卿云献瑞之兆。

24. 婺源虹井。其在今江西婺源县城南门朱熹故居"文公阙里"的左侧。井掘于唐代，井栏呈六边形，对径为1米，深约5米。相传朱熹之父朱松出生时，井中气吐如虹。南宋建炎四年朱熹出世时，井中紫气如云。故立"虹井"巨碑，下刻朱松井铭："道遇期人，如水在地，汲之益深，有味外味。"明正统年间，知县陈斌建"虹井亭"。现井、亭已废，仅存遗址。明代汪伟题《虹井》诗云："韦斋当日浚源深，一旦虹光出井阴。道学上传洙泗远，余波千载淑人心。"

婺源虹井

25. 南丰冷水井。其在今江西南丰。康熙二十三年《南丰县志》中记载："冷水井，在七都冷水坑。水最甘冽，其冷如冰，汲以酿酒烹茶，胜于他泉，溉田千亩。"

26. 广昌庵泉井。其在今江西广昌。康熙二十二年《广昌县志》中记载:“庵泉井，在川坛侧。水冷而甘，尤宜煮茗。”

27. 高唐楼儿井。其在今山东高唐城内西南隅。井水清甘，夏日久贮不败。明永乐年间(1403—1424年)，明成祖朱棣驻跸高唐，遍汲诸井水，独此井之水甘冽为上，始进上。朱棣饮后大加赞赏。事后，筑亭于井上，因之名楼儿井。

28. 崇阳黄鹰峰古井。其在今湖北崇阳。同治五年《崇阳县志》卷一(山)中记载:“茱萸山南四十里黄鹰峰……顺治间，僧开古井烹茶，别有味。”

楠木井

29. 兴山楠木井。其在今湖北兴山宝坪村。井栏呈六角形，井台由甃石筑成，植有楠木古树一株，井旁有碑刻“楠木井”。井水清亮碧透，清甜可口，冬暖夏凉，四季不竭。相传此井为昭君当年汲水处，故又称“昭君宝井”。传说在王昭君出生之前，井中水量很小，稍旱即涸，村里人用水要到山脚下的香溪去挑，艰辛备至。王昭君出生后，井水陡涨，水质清澈。村里人纷纷传说是昭君出世惊动玉皇大帝，令黄龙搬来龙水所致。在昭君进宫那年，其母忽然梦见黄龙欲离开此井，井水即将干涸，使村人惊惶不已。昭君急忙去请教一位白首红颜的老僧人。僧翁告诉她，只要到西蜀峨眉山里采一根楠木，往井口一嵌，龙就走不了。昭君忙告诉了村里的乡亲，乡亲们乘上江中轻舟赶到峨眉山，采来一根千年不腐的坚实的紫红楠木，牢牢嵌在井口。从此之后，黄龙便按昭君的心意继续喷吐清泉。当昭君离开宝坪村时，乡亲们又给这口井取名为“楠木井”。

30. 秭归照面井。其在今湖北秭归屈原故里香炉坪东侧的伏虎山西麓。古井旁有古树两株，一为大青树，一为大柞树，两树并立，蔚为巨荫。井台傍岩甃砌，井口浑圆古朴，四周围以石雕栏杆。井水清澈明亮，水面光洁如镜，可照见人的面容身影。水味甘美，清凉可口。相传，有一个“宝镜光照屈原面容身影”的故事，遂名“照面井”。屈原故里至今尚存的古迹除照面井外，还有屈原庙、清书洞、吟诗台等。清人向谨斋吟诵照面井诗云：“深山一井涌寒泉，照面遗踪话昔年。人杰地灵都还俗，常教野径锁云烟。”

照面井

31. 长沙白沙井。其在今湖南长沙市天心阁下白沙街东隅，历史悠久，被誉为长沙第一井。水从井底汩汩涌出，清澈透明，甘甜可口，四季不断。明崇祯十二年（1639 年）刊印的《长沙府志》中记载：“白沙井，县（指善化县）东南二里，井仅尺许，清香甘美，通城官员汲之不绝，长沙第一泉。”可见此时白沙井已非常出名了。清乾隆年间，进士旷敏本、优贡张九思曾作有《白沙井记》《白沙泉记》，盛称其泉“清香甘美，夏凉而冬温”“流而不盈，挹而不匮”，甚至将之与天下名泉济南趵突泉、贵阳漏突泉和无锡惠山泉媲美。

白沙井

32. 常德崔婆井。其在今湖南常德府城西 15 公里处。相传，一道士经常往来崔婆小店，每每索酒数壶畅饮，累计百壶而从未付钱，崔婆并不计较。一日道士对崔婆说，我喝了你许多酒，却无钱偿还，就让我为你掘一口井吧。第二天，井成如泉涌，涌出来的则全是酒，香气扑鼻。“以此井作为酒资偿还你罢”，道士说完即飘然而去。崔婆从此不再酿酒，而此井冒出来的酒却比陈酒还好，不过三年，崔婆就成了当地的一大富翁。一日，前度道士复来，崔婆表示万分感谢，道士于是问，酒还香吗？崔婆回答：“好是好，只是因为不必酿酒而无酒糟，俺家的猪没有吃的了。”道士摇首叹气，挥笔在墙上题了一首诗：“天高不算高，人心第一高。井水当酒卖，还嫌猪无糟。”题罢掷笔而去。从此，井不再出酒，然井水香气犹存。如今崔婆已去，井也干枯，只留下这个动人且富有哲理的传说。

33. 芷江茶水井。其在今湖南芷江。道光十九年《芷江县志》卷四中记载：“茶水井，在县东一百二十里，水味甘，烹茗极香美。”

34. 番禺越王井。其在今广东番禺。相传，其为南越王赵佗所凿，井水甘冽宜茶。清同治《广东通志》卷一零一引《南越志》中记载：“天井冈下有越王井，深百余尺，云是赵佗所凿，诸井咸卤，唯此井甘泉，可以煮茶。”传说南越王赵佗将一个盛水的金杯抛于井中，结果从石门重新拾得，由此证明，越王井的水和石门是相通的，这就得出在古代越王井水永远保持清爽甘甜，地下水保持流动是主要原因。

越王井

35. 茂名思前井。其在今广东茂名。井深 2.5 米，口径为 0.8 米，常年水满。该井之水水位稳定，旱天不干，雨天不溢。据说潘仙人当年选择该井方位时，运用仙家法力，让它与龙山水脉相通，使井内流出的都是龙湫之泉，故水位稳定，水质特殊。当地群众用该井之水制作豆腐时，每担可增重 2～3 斤；用该井之水冲茶，则芳香四溢，杯内不留茶渍。唐代宦官高力士回乡探亲时，从思前井中汲水一桶归朝，送给玄宗皇帝，深得玄宗喜爱，玄宗对此井水称赞不已。宋《太平寰宇记》对此事曾作记载："潘真人炼丹之水，味甚香美，煎茶试之，与诸水异。力士奏取其水归朝。"由于此井水为潘仙炼丹所用，又是高力士当年汲取归朝献与玄宗皇帝的"贡泉"，故思前井也称"炼丹井"或"贡井"。

36. 兴安喊水井。其在今广西兴安白石乡蒋家屯村外。据当地村民说，只要有人来到井口大声喊叫"我口好渴，给点水喝吧"，泉眼里一会儿就会传来"咕噜咕噜"的响声，随后便流出比用农村龙骨车抽水流量还大的清澈井水。这种现象在干旱季节特别明显。在旱季，该泉眼不出水，但人一喊就会流出较大的水。在丰水季节，泉眼流出少量泉水，经人一喊泉眼就会流出大量泉水。因此，当地群众称之为"喊水井"。据研究，喊水井系因虹吸管现象形成的有规律的多潮泉，其出水规律与人喊叫无关。

梧州冰井

37. 梧州冰井。其在今广西梧州市第二中学内。井水源于大云山中，晶莹甘冽，若汲之烹茶，则精茗蕴香。井东有唐代容管经略使元结所作的冰井铭："火山无火，冰井无冰。唯此清泉，甘寒可汲。铸金磨石，篆刻此铭。置之泉上，彰厥后生。"

38. 博白绿珠井。其在今广西博白双角山下。晋代著名美女绿珠出生于此，绿珠坠楼死后，村民为怀念她，将村井命名为绿珠井。相传喝此水所生女容貌美丽。清康熙四十七年（1708年），知县程镰在井旁建祠奉之。今井已湮没，祠庙仍存。

39. 文昌鱼爷井。其在今海南文昌。《大清一统志》卷三五零《广东·琼州府》中记载："在文昌县西五十里，水极清冽。相传泉与海相通，中有一大鱼，其头白，俗呼鱼为鱼爷，即出。"

40. 彭水项家井。其在今重庆彭水。光绪元年《彭水县志》中记载："项家井，在县城东山。泉水清冽，煮茗绝佳。"

41. 兴文龙王井。其在今四川兴文。光绪十三年《兴文县志》中记载："龙王井，在建武城内北街。相传源出玉屏山麓，昔人砌石引泉，优流入域，水极甘冽，烹茗酿酒，绝佳。"

42. 名山甘露井。其在今四川名山。据说这里是甘露大师吴理真种茶时汲水处，当地县志载："井内斗水，雨不盈、旱不涸，口盖之以石，取此井水烹茶则有异香。"据说，夏天时，只要有人开启井盖，半个小时候内就会下雨，下雨范围仅限于古井一带。当地农民不知何故，只当是有神龙，所以从来不敢开盖。专家的解释是蒙顶山海拔1440米，山顶常年云遮雾绕，湿度极大，山顶一带几乎日日雨水不歇，年降雨

甘露井

量高达 2200 多毫米。而井周围一带的空气水汽含量十分充足，经常处于饱和状态，人揭井盖时所发出的那一声巨响，引起了空气的振荡，使空气中的饱和水汽分子相互碰撞，迅速造成连锁反应，并很快聚集成雨滴下落而形成下雨、刮风等现象。

43. 名山紫霞井。其在今四川名山。光绪十八年《名山县志》卷二中记载："紫霞山一名壁山，又名观坪山，在城南……山左有紫府飞霞洞，中有石龙，屈曲灵妙……自宋建梓潼观，颇极闳敞……观后右侧，明翰林叶桂章墓在焉。前有紫霞井，甘冽宜茶。"

44. 保山法明井。其在云南保山。明隆庆《云南通志》卷二中记载："法明井，在府法明寺。有二：一在栖云楼，一在归休庵。冰皆香美，煮茶无翳。"

45. 西安昊天观井。其在今陕西西安。中唐重臣李德裕嗜茶，尤喜惠山泉水，令置递铺递水至京，后有僧示以京师昊天观常经库后井水，试之，与惠山泉水同味，乃停水递。

46. 蓝田冰井。其在今陕西蓝田玉案山。水流入辄成冰，至夏不消。长安不藏冰，但于此地求取。冰井井水味甘，主解热毒，宜于烹茶。

47. 华山玉井。其在今陕西华山西峰下镇岳宫院内，井深约 30 米，井水清澈甘冽，宜烹茗清赏。民间传说玉井内生有千叶白莲，人吃了白莲可以升仙。唐韩愈的《古意》诗中说："太华峰头玉井莲，花开十丈耦如船。冷比雪霜甘比蜜，一片入口沉疴痊。"因而玉井也被称为白莲池。又传唐玄宗的妹妹金仙公主在华山隐居时，对井梳妆，不慎将金簪掉入井内，后来发现金簪自山麓的玉泉院水处流出，于是人们便得出了玉井与山泉潜通的结论。

玉井

（四）井水茶事

古代茶人也有用井水煎茶的，如李洞在《宿长安苏雍主簿所》中说："井锁煎茶水。"温庭筠在《西陵道士茶歌》中说："乳窦溅溅通石脉，缘尘愁草春江色。涧茶入井水味香，山月当人松影直。"西陵道士所饮为井水，其源头却是石脉乳洞中涌出的活水，以井贮之，所以收到了"疏香皓齿有余味，更觉鹤心通杳冥"的品茗效果。宋人梅尧臣在《签建州沈屯田寄新茶》中写道："碾为玉色尘，远汲芦底井。一啜同醉翁，思君聊引领。"明代高叔嗣在《煎茶七类》中说："井取多汲者，汲多则水活。"陆游有诗曰："村女卖秋茶，怀茶就井煎。"元代洪希文的诗句有："莆中苦茶出土产，乡味自汲井水煎。"这些诗都是吟咏用井水煮茶的。

一般的井水用来沏茶效果并不好，主要是水的硬度较高，味不甘。明代屠隆在《茶笺》中说："井水，脉暗而性滞，味咸而色浊，有妨茗气。试煎茶一瓯，隔宿视之，则结浮腻一层，他水则无此，其明验矣。虽然汲多者可食，终非佳品。"现代泡茶用水的比对实验也表明，在天然水中，大部分的井水都是最差的沏茶用水。但有些井水与地下的泉眼相通，因此，是水质优良的宜茶井水。

三、溪水

溪水是指水道窄而浅，水流速度变化多端，多为处于河流上游山谷的自然淡水。中国著名的溪流主要有湖北神农溪、湖南金鞭溪、福建九曲溪等。

（一）宜茶溪水

1. 玉虚洞下香溪水。玉虚洞，在距湖北省秭归县香溪镇 2 千米处的潭家山麓、香溪河畔。相传，其在唐天宝五年（746 年）被发现。洞门呈半月形，洞口刻有“玉虚洞天”四字。玉虚洞下，一年四季有清泉长流，此清泉称为香溪流泉，因泉水与香溪河相通，故得其名。溪水清碧甘冽，是烹茗佳水。唐代茶人陆羽约于天宝十二载至十四载（735—755 年）在荆楚大地、巴山蜀水访茶品泉期间曾游历玉虚洞，品尝香溪水，定其为天下第十四佳水。宋代陆游在《入蜀记》中写道：“泊舟兴山口，肩舆游玉虚洞，去江岸五里许，隔一溪，所谓香溪也。源出昭君村，水味美，录于《水品》，色碧如黛。”又作《游疏山》诗曰：“曳杖行穿蟠冢云，试茶手挹香溪水。”香溪发源于神农架山区，流过石灰岩裂缝，经洞穴过滤沉淀，“水色如黛，澄清可掬”。相传香溪源头曾是炎帝神农当年采药时的洗药池。池水尽得百草之精华，尽融神农之精神，故饮香溪水不仅能使人貌美如昭君，而且能使人如屈原般崇高。有人用四句话总结说：碧水源流长，神农百草房；佳人传美名，香溪水更香。

香溪水

2. 神农溪。其是湖北省巴东县长江北岸的一条常流性溪流，发源于“华中第一峰”神农架的南坡，由南向北穿行于深山峡谷中，于巫峡口东2000米处汇入长江，全长60千米。溪流两岸，山峦耸立，逶迤绵延，层峦叠嶂。神农溪堪称无污染的天然之流，溪水碧澈，一清到底，除“三色泉”外，几乎见不到一缕混水。溪底遍布五色石，如花似锦。湍急处水流如雪似雾，船行如飞；水缓处形成幽静的平湖，浓绿莫测，扁舟荡漾；浅滩处水深不及膝，船底与河中卵石相摩擦，格格有声。

神农溪

3. 黄石溪。《九华山志》中记有17溪，即龙溪、缥溪、双溪、舒溪、澜溪、濂溪、曹溪、缟溪、黄石溪、东溪、华溪、兰溪、陵阳溪、九子溪、碧溪、芙蓉溪、小龙溪。其中以黄石溪最著名。历史名茶“天台云雾”，因生长于黄石溪峡谷，故现名“黄石溪毛峰”。黄石溪毛峰以“外形匀细，香气高长”著称，游离氨基酸含量较多。有民谣曰：“黄石溪中水，天台雾里茶”“九华山拜佛，黄石溪品茶”。

黄石溪

4. 南康焦溪。其在今江西南康县西17.5千米处，源出锅坑，流至浮石，流入章江。据记载，宋代苏东坡谪官广东时曾路过南康，舟至浮石。在当地流传着这样一个故事：一天，苏东坡来到南康县浮石乡，他听人说此处谷美、水甜、茶香，便亲临其境，尝试一番，随即作诗一首，其中有“浮石已干霜后水，蕉溪闲试雨前茶”之句。

5. 醴陵茶溪。其在今湖南醴陵境内。清代同治时期的《增修醴陵县志》中记载：“茶溪，治西四十里茶坑黛柏冲，石壁峭立，上有飞白书‘茶溪’二字，径数尺。”其地名为茶坑，其水名为茶溪，当为产茶之地。

茶溪

6. 龙山桂英山溪水。其在今湖南龙山。同治七年的《龙山县志》卷三："桂英山，在县东北五十里，多桂树……山下一溪环抱，水甘冽，居民取以烹茶，采落英之汤内，其味清馥异常。"

7. 金鞭溪。其位于张家界，因流经金鞭岩而得名，全长 5710 米，金鞭溪沿线是武陵源风景最美的地界，从张家界森林公园门口进入后，往前步行 300 米左右就是金鞭溪的入口。金鞭溪是天然形成的一条美丽的溪流，溪流弯弯曲曲自西向东流去，即使久旱，也不会断流。溪水清澈见底，纤尘不染的碧水中，有红、绿、白等各色卵石。

金鞭溪

8. 九曲溪。福建省闽中山水奇秀以武夷山为第一，而武夷之魂在九曲溪。九曲溪澄澈清莹，经星村镇由西向东穿过武夷山风景区，盈盈一水，折为九曲，因此得名。九曲溪发源于武夷山自然保护区桐木关的西北角，全长 62.8 千米，流域面积（汇水面积）为 526 平方千米，自西向东流至武夷宫并汇入崇阳溪。传说用九曲溪里的甜美溪水酿造的美酒令八仙之一的铁拐李赞不绝口。

九曲溪

（二）溪水茶事

泡茶用水，虽以山泉水为佳，但溪水、江水与河水等之水长年流动，用来沏茶也并不逊色。古人深知此理，“远向溪边寻活水，闲于竹里试银芽”，写的即是这一道理。诗、书、画都称世的元代诗人倪瓒，作为爱茶之人，有《绝句》：“松陵第四桥前水，风急犹须贮一瓢。敲火煮茶歌白苎，怒涛翻雪小停桡。”这首诗描写其在激流湍急之中取得上好溪水泡茶的情景，让无数爱茶之人神往。杨万里“自携大瓢，走汲溪水”“烹玉尖，吸香乳，以享天上故人之意”，讲的就是用溪水煎茶。

四、江、河、湖水

江、河、湖水属地表水，含杂质较多，软硬度难测定，混浊度较高。一般来说，其不宜直接用来沏茶，须经澄清后使用。但远离人烟，且植被生长繁茂之地，污染物较少的江、河、湖水，仍不失为沏茶好水。浙江桐庐的富春江水、淳安的新安江水、绍兴的鉴湖水都是例证。唐代陆羽在《茶经》中说："其江水，取去人远者。"意思是说，在远离人烟、污染较少的地方汲取江水，用来泡茶仍是适宜的。

（一）江、河、湖水的成分

田艺蘅在《煮泉小品》中是这样描述江水的："江，公也，众水共入其中也。水共则味杂。"意思是说，江，其意是很多水汇聚在一起，不同的水在一起，味道自然杂乱。江、河、湖水均为地表水，所含矿物质不多，通常有较多杂质，混浊度高，受污染较严重，情况较复杂。河水性质几乎完全取决于补给水源的性质及所占比例。不同河段的河水，成分有变化；同一河段的河水，随时间、季节变化也会有所变化。同时，地下水与河水之间相互作用，二者在时空上相互转化，在交换水量的同时，水质也会发生变化。

（二）宜茶江、河、湖水

取江、河、湖水，应在上游、中游植被良好、幽静的地方进行，在夜半时分去取水，将其左右旋搅，三天后，从水缸中心将其轻轻舀入另一空缸，舀到七八分时就将原来水缸中的渣水沉淀都倒掉。江、河、湖水像这样搅拌、沉淀、取舍三遍，就可以用来泡茶了。从现代观点看，这种方法可能不如加入化学物质使之直接洁净省时省工，但对于古人来说，却是从实践中得来的自然之法，也许更符合天然水质的保养要求。

江、河、湖水用来沏茶时，必须经过充分煮沸，因为这些水是暂时硬水，含酸式碳酸盐（钙盐和镁盐）较多，易与茶叶中的茶多酚结合，不仅会使茶汤色泽浑暗，还会影响茶叶色、香、味的质量。水经充分煮沸后，可使酸式碳酸盐分解生成碳酸钙和碳酸镁而沉淀，使水软化，消除酸式碳酸盐造成的影响。

古代诗歌及茶文化典籍中提到的宜茶江、河、湖水主要如下。

1. 渭水。唐代诗人白居易曾写诗赞赏渭水煮茶，诗曰：“蜀茶寄到但惊新，渭水煎来始觉珍。”他认为渭水煎茶很好。渭水，是黄河的最大支流，发源于今甘肃省定西市渭源县鸟鼠山，主要流经今甘肃天水、陕西省关中平原的宝鸡、咸阳、西安、渭南等地，至渭南市潼关县汇入黄河。其全长818千米，流域总面积为134766平方千米。

渭水

2. 湘水。李群玉诗曰：“吴瓯湘水绿花新。”说的是湘水煎茶也不错。湘水，是长江支流，也是湖南省的最大河流。其干流全长844千米， 主要流经湖南、广西，流域面积为94660平方千米。湘江水量充沛，径流主要来源于降雨。

湘水

3. 吴淞江水。杨万里写有《舟泊吴江》一诗："江湖便是老生涯，佳处何妨且泊家。自汲淞江桥下水，垂虹亭上试新茶。"其描写了用吴淞江水泡茶的情趣。吴淞江，发源于苏州市吴江区松陵镇以南太湖瓜泾口，由西向东，穿过江南运河，在今上海市黄浦公园北侧外白渡桥以东汇入黄浦江。吴淞江水来自太湖，流经吴江、苏州、昆山、嘉定、青浦及上海市区。刘伯刍的品水名录中将吴淞江水排在第六位，可见，吴淞江水曾经是品质优良的宜茶江水之一。

吴淞江

4. 长江三峡水。三峡乃瞿塘峡、巫峡、西陵峡的合称，西起重庆市奉节县白帝城，东至湖北宜昌南津关，全长 193 千米。古人将其自西向东分别称为上、中、下峡。《食物本草》卷一中记载：“三峡水，味美宜烹，而上峡者为第一，中峡、下峡俱次之。昔人以为上峡水茗浮盎面；下峡水茗沉盎低；中峡水不浮不沉，界乎其中。试之果然。”同书又云：“上峡水，味甘美，平和，主益元气，助精神，止烦渴，养脾胃，滋脉络，通肾脏……尤宜烹茗，其味佳美殊胜……中下二水烹茶，味稍减于上峡。”

三峡

5. 石首万石湾水。万石湾，位于湖北省石首市石首山西麓山脚处，长江流经此处形成巨大的回流，而被长江水冲刷的山石宛若玉笋屹立，故名万石湾。其水为宜茶之水。清乾隆时期的《石首县志》中记载：“万石湾，在楚望山麓，万石峭立，水其湍急，邑人王季清、曾退如偕友人袁中郎游其处，汲水煮茶，其味隽永，云不减三峡。”

6. 徽州新安江水。其在今安徽徽州境内，注入千岛湖，出钱塘江入海。唐代诗仙李白在游览新安江时诗兴大发，边游边吟："清溪清我心，水色异诸水。借问新安江，见底何如此？人行明镜中，鸟度屏风里。"宋代杨万里诗云："金陵江水只咸腥，敢望新安江水清。皱底玻璃还解动，莹然酃醁却消酲。泉从山谷无泥气，玉漱花汀作佩声。水记茶经都未识，谪仙句里万年名。"可见，新安江水澄净如练，清澈见底，不失为宜茶之水。

新安江

7. 桐庐严陵滩水。其曾被陆羽评为"天下第十九佳水"。张又新来到浙江桐庐著名的严子陵钓台时，深感此地"溪色至清，水味甚冷，家人辈用陈黑坏茶泼之，皆至芳香。又以煎佳茶，不可名其鲜馥也"。他认为钓台之水远远超过扬子江的南零水。严子陵钓台下的富春江水清澈见底，至今仍是优质的水源。

严陵滩

8. 柏岩县淮水源。柏岩县即今之河南省桐柏县。桐柏县是我国四大水系之一——淮水的发源地。淮水，即淮河，东流经河南、安徽到江苏入洪泽湖，全长约1000千米。陆羽在天宝后期，在荆楚大地沿江淮、汉水流域进行访茶品泉期间，曾前往桐柏县品鉴过淮河源头之水，并评其为“天下第九佳水”。

淮水

9. 商州武关西洛水。武关，在陕西省商州地区丹凤县城东 40 千米的峡谷之间。西洛水，即源出陕西省洛南县冢岭山的伊洛之水（今天称为洛河）的一条支流。从洛南流过丹凤县的武关之西，至太古河汇入丹江。《水经注疏》中记载：“西汉水又西南，合杨廉川水，水出西谷，众川泻流，合成一川。”茶圣陆羽当年在沿汉水流域品泉期间，曾西行进入陕西商州武关，品鉴过武关西洛水，并将其评为“天下第十五佳水”。

洛水

10. 汉江金州上游中零水。其在陕西安康，在唐宋时被文人称道。张又新在《煎茶水记》中写道：“汉江金州上游中零水第十三。”宋代范仲淹在《和章岷从事斗茶歌》中写道：“鼎磨云外有山铜，瓶携江上中零水。”

汉江上游

11. 伊逊河水。乾隆皇帝曾钦定其为第二佳水，为可与北京玉泉山玉泉相媲美之水，并赞誉伊逊河水为“八功德”水，即一甘、二冷、三软、四清、五净、六不臭、七不损喉、八不伤腹。伊逊河水源头在河北围场境内，经承德入滦河出海。这里有木兰围场，地近内蒙古。清代皇族常来木兰围场，一边眺望围猎，一边汲水烹茶。

伊逊河

12. 绍兴鉴湖水。东汉永和五年，会稽太守马臻审时度势，修得古鉴湖。“镜湖水如月，耶溪女似雪”描绘的就是绍兴人引以为傲的鉴湖风光。鉴湖是绍兴的母亲湖。古鉴湖的修建初衷为水利工程，其饱含营养矿物质的鉴湖水，不仅是首批国家级非物质文化遗产名录之一的绍兴黄酒酿制技艺的重要原料，而且是古人高度评价的宜茶之水。鉴湖水的源头是会稽山脉，会稽山的水流经鉴湖流域后水中的杂质被鉴湖底下大量的泥炭所吸附，形成独特的鉴湖水。据研究，与普通饮用水相比，鉴湖水中钾、硒、钼、钠、镁、铬等金属离子的含量均高出很多，如钾高出 2.4 倍，硒高出 6.55 倍，钼高出 7.16 倍，钠高出 5.68 倍，镁高出 3.8 倍，铬高出 3.3 倍。正是这些微量元素、地理环境和气候因素的差异，使得鉴湖水成为古人高度评价的宜茶湖水之一。

绍兴鉴湖

13. 杭州西湖水。清代李卫在《西湖志》中写道："武林（旧时对杭州的别称）西湖水，取贮五石大缸，澄淀六七日，有风雨则覆，晴则露，使受日月星之气，用以烹茶，甘淳有味，不逊慧麓（不亚于惠山泉水，'慧'通'惠'）。以其溪谷奔注，涵浸凝亭，非复一水，取精多而味自足耳。"可见，杭州西湖之水，若贮存得法，也是很好的宜茶之水。

杭州西湖

14. 余干市湖水。余干市湖在今江西余干东山南麓，环绕琵琶洲，市湖又称越水。天气晴朗时，余干市湖泓然无波，其纹或圆似镜，或长似练。余干市湖水味甘且重，陆羽曾取之烹茶，认为其味道与鉴湖水相似。

15. 玛多扎陵湖水。玛多扎陵湖在今青海玛多和曲麻莱的边境，是黄河源头两个最大的高原淡水湖泊之一，古称“柏海”，又叫“查灵海”，自古以美丽富饶称著。《禹贡》中就有对黄河源的记述。据《新唐书》记载，唐代贞观九年（635 年）大将李靖为西海道行军大总管，率侯君集、李道宗等人“次星宿川，达柏海上，望积石山，览观河源”。可见一千三百多年前，这里竟屯驻过千军万马。清代《河源记》将其记为“扎陵”。清代齐召南在《水道提纲》中写道：“鄂陵在东，言水清也；扎陵在西，其水色白也。”据最新测量，扎陵湖面积为 526 平方千米，平均水深 8 ～ 9 米。其为黄河之源泉，源头地区的淌冰水和地下泉水汇聚东流。湖区海拔 4300 米，“黄河之水天上来”，名副其实。

玛多扎陵湖

16. 玛多鄂陵湖水。玛多鄂陵湖在今青海玛多和曲麻莱的边境，是黄河源头两个最大的高原淡水湖泊之一，古称“鄂灵海”。清代《河源记》将其记为“鄂陵”。据最新测量，鄂陵湖面积为611平方千米，平均水深17.6米，为黄河的源泉之一。

玛多鄂陵湖

17. 天山天池水。天山天池在今新疆乌鲁木齐东90千米处，位于阜康境内天山东段博格达峰下的半山腰。天池古称瑶池，在我国古代诗文中，把它当作西王母宴请周穆王的昆仑仙境。唐太宗时曾在博格达峰下设过“瑶池都护府”。唐代诗人李商隐的《瑶池》诗云：“瑶池阿母绮窗开，黄竹歌声动地哀。八骏日行三万里，穆王何事不重来。”成吉思汗登临过博格达山，并在天池会见了当时西来讲道的长春真人丘处机。自宋至清，天池曾有冰池、龙湫、龙潭、海子、瑶池、神池等名称。清乾隆四十八年，乌鲁木齐都统大臣明亮亲临天池勘查，并开凿泄水口，引水灌溉，立碑纪念。明亮题撰的碑文《灵山天池疏凿水渠碑记》载，“阜康之阳灵山，屏到峰势，出没云雾中，上有天池在焉，俗传此水为蛟龙窟宅，雪罨冰封，莫穷所自。”“始臻绝顶，见神池浩淼，如天镜浮空，沃日荡云，洵造物之奥区也”。天池之名，取自“天镜”“神池”。天池海拔1980米，池水晶洁，蓝澄碧清。银峰、白云、绿山倒映于“天镜”之中，构成了绰约多姿的高山平湖景观。池水清冽纯净，有“天饮”之誉。

天山天池

18.焉耆博斯腾湖水。焉耆博斯腾湖在今新疆天山山脉南麓焉耆盆地内。北魏郦道元在《水经注》中称其“敦薨浦”。《汉书·西域传》称其“焉耆近海”。古人称其“西海”。其现面积达1019平方千米，是我国最大的内陆淡水湖。湖水澄鲜，冰清玉洁。湖区景色秀丽，有“瀚海明珠”之称。

博斯腾湖

（三）江、河、湖水茶事

我国地域广阔，不少江、河、湖水清澈，有些江、河、湖水经澄清后用来泡茶，也很不错。明代许次纾在《茶疏》中写道：“黄河之水，来自天上，浊者土色也，澄之既净，香味自发。”这出自作者的亲身经历。一次，许次纾横渡黄河，想煮水泡茶，看到河水混浊不清，犹豫不决。船夫见状，以明矾沉淀之。许次纾按此法将水煮沸沏茶，发现其清而又甘，于是便有上述感慨。镇江焦山汲江楼上有一联集郑板桥的诗句：“汲来江水烹新茗，买尽青山当画屏。”

关于江水沏茶，有一则王安石验水惊东坡的故事广为流传。王安石老年患有痰火之症，虽服药却难以除根。太医院嘱其饮阳羡茶，并须用长江瞿塘峡水煎烹。因苏东坡是蜀地人，王安石曾相托于他：“倘尊眷往来之便，将瞿塘中峡水携一瓮寄与老夫，则老夫衰老之年，皆子瞻所延也。”不久，苏东坡亲自带水来见王安石。王安石即命人将水瓮抬进书房，亲自以衣袖拂拭，并将水瓮纸封打开，又命僮儿在茶灶中煨火，用银铫汲水烹之。先取白定碗一只，投阳羡茶一撮于内。等汤如蟹眼，急取倾入碗内。其茶色半晌方见。王安石问：“此水何处取来？”东坡答：“巫峡。”王安石道：“是中峡了。”东坡回：“正是。”王安石笑道：“又来欺老夫了！此乃下峡之水，如何假名中峡？”东坡大惊，只得据实以告。原来东坡因欣赏秀丽的三峡风光，船至下峡时，才记起所托之事。当时水流湍急，回溯甚难，又自以为一江之水并无不同，只得汲一瓮下峡之水充之。东坡说：“三峡相连，一般样水，老大师何以辨之？”王安石道：“读书人不可轻举妄动，须是细心察理。这瞿塘水性，出自《水经补注》。上峡水性太急，下峡太缓，惟中峡缓急相半。太医院官乃明医，知老夫中脘变症，故用中峡水引经。此水烹阳羡茶，上峡味浓、下峡味淡、中峡浓淡之间。今茶色半晌方见，故知是下峡。”东坡离席谢罪。

人水（再加工水）

第一节　人 水 种 类

古代茶人或是采集梅花瓣上的积雪，或是采集清晨纯净的露水，甚至不远千山万水走访名泉，为的只是取得宜茶之水，亦增添了许多品茶时优雅烂漫的情趣。现代人生活节奏快，做事讲究效率，很少有人有时间、有兴致坐下来烹茶鉴水，细细体会泡茶、品茶的乐趣。

近年来，环境污染、水源污染等现象日益严重。水污染问题，从人们大规模定居于水源地附近的时候，就随之出现了。在农耕社会，只有农业和手工业，水污染的主要原因有病原体污染、需氧物质污染、植物营养物质污染。在自然因素的作用下，受污染的水体可以逐渐净化，通常称为水体自净。也就是说，水体污染和水体自净处于不断进行的动态平衡之中，人们生活的水环境质量，始终保持着良好的状态。随着工业化、城市化的发展，病原体污染、需氧物质污染、植物营养物质污染全面加剧。工业废水、生活污水、农业污水等随地表径流进入水体，进一步加剧了污染，恶化了水质，水体已无能力发挥自净功能。像古代茶人那般直接采集未经处理的天水、地水泡茶似乎变得不切实际。

因此，现代社会，自来水、纯净水和矿泉水成了人们泡茶的主要用水。

一、自来水

自来水是人们生活中最常见的饮用水，其来源于天然水，经过加工处理后成为暂时硬水，饮前煮沸，水质就可以达标。

自来水厂

根据国家的有关规定，自来水水质标准如下：

1. 为防止介水传染病的发生和传播，要求生活饮用水不含病原微生物。

2. 水中所含化学物质及放射性物质不得对人体健康产生危害，要求水中的化学物质及放射性物质不引起急性和慢性中毒及潜在的远期危害（致癌、致畸、致突变）。

3. 水的感官性状是人们对饮用水的直观感觉，是评价水质的重要依据。生活饮用水必须确保感官性状良好，为人们所乐于饮用。

4. 生活饮用水水质标准共 35 项。其中感官性状和一般化学指标 15 项，主要是为了保证饮用水的感官性状良好而制定的；毒理学指标 15 项、放射指标 2 项，是为了保证水质对人不产生毒性和潜在危害而制定的；细菌学指标 3 项，是为了保证饮用水在流行病学上的安全而制定的。

二、纯净水

纯净水是蒸馏水、天空水等的统称，属于安全无害的饮用水。纯净水纯度很高，没有任何添加物，可以直接饮用。

一般情况下，纯净水在生产过程中，源水只有 50% ～ 75% 被利用，也就是说，1 千克自来水或地下水大约只能生产出 0.4 千克的纯净水，而剩下的 0.6 千克左右的水不能当作饮用水，只能另作他用。

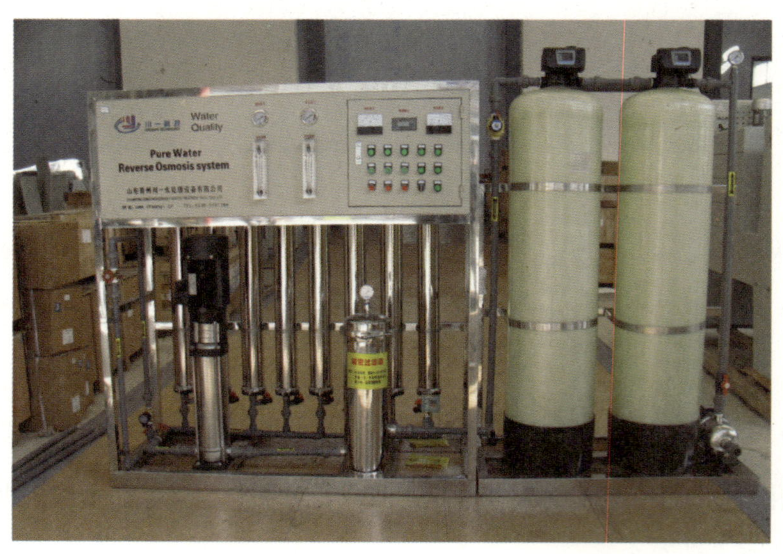

纯净水设备

三、人工矿物质水

人工开发的矿泉水，含有一定量的矿物盐、微量元素等物质。目前我国矿物质水的添加剂种类比较混乱，没有统一的质量类国家标准，主要由行业依照《食品添加剂使用卫生标准》（GB 2760 — 2007）的规定限量添加，卫生上则按照《瓶（桶）装水卫生标准》（GB 19298 — 2003）确保其饮用安全性。

矿物质水设备

四、活性水

活性水通常以自来水为水源，经过砂滤、炭滤、膜滤等多层过滤后，再经过具有纳米技术的电生离子交换设备，将水中对人体有害的酸性物质分离出去，而保留水中的矿物质离子，为具有弱碱性、小分子团特征的新一代饮用水。

活性水设备

净化水设备

五、净化水

净化水就是将自来水管网中的红虫、铁锈、泥沙、余氯、有机物、有害的重金属离子、细菌、病毒等过滤掉的水。净化水可以降低水的浑浊度、余氯等，还可以将细菌、大肠杆菌等微生物截除，同时保留对人体有益的矿物质微量元素，有效阻止有害物质对人体的侵害，捍卫人体健康。

第二节　宜茶人水

一、自来水

自来水是指通过自来水处理厂净化、消毒后生产出来的符合相应标准的供人们生活、生产使用的水。生活用水主要通过水厂的取水泵站汲取江河湖泊中的水及地下水、地表水，按照《生活饮用水卫生标准》（GB 5749—2006）的规定，经过沉淀、消毒、过滤等工艺流程的处理，最后通过配水泵站输送到各个用户。

（一）自来水的成分

自来水厂供应的自来水在净化和消毒的过程中会加入氯，因此，自来水普遍有股漂白粉的氯气气味，直接用来泡茶，会使茶中的多酚类物质氧化，影响汤色，损其茶味。随着现代经济的发展，大中城市的自来水中还含有大量的有机物和一些重金属物质，这些物质的存在也都会影响茶汤的品质。此外，由于自来水有时在水管中滞留较久，因此还含有较多的铁质，当水中的铁离子含量超过万分之五时，会使茶汤呈黑褐色，滋味变淡。

（二）自来水茶事

现代人沏茶用水以自来水居多。用自来水沏茶时，应注意以下三点。

一是避免晨起接水。因为夜间用水较少，自来水在水管中停留的时间较长，会含有较多的铁离子或其他杂质，如果晨起就接水，则最好适当放掉一些水后再接水饮用。

二是宜用水缸养水。将自来水放入陶瓷缸内，放置一昼夜，让氯气挥发殆尽后，再煮水泡茶。

三是采用磁水器、纯水器等净水设备，使自来水通过树脂层，将氯气及钙、镁等矿物质离子除去，使其成为去离子水，然后用于泡茶。

二、纯净水

纯净水，简称净水或纯水，是纯洁、干净、不含有杂质或细菌的水，是以符合《生活饮用水卫生标准》（GB 5749—2006）规定的水为原水，通过电渗析器法、离子交换器法、反渗透法、蒸馏法及其他适当的加工方法制得的，密封于容器内，且不含任何添加物，无色透明，可直接饮用。

（一）纯净水的成分

纯净水纯度很高，其硬度几乎为零，是纯软水，pH 值（酸碱度）一般为 5 ～ 7，属于弱酸性水。纯净水在处理过程中不仅去掉了水中的重金属、三卤甲烷、有机物、放射性物质、微生物等有害、有毒、有异味物质，而且也除去了对人体有益的微量元素和矿物质。

现有研究表明，长期饮用纯净水不利于健康。人体的内环境呈弱碱性，正常人血液 pH 值应在 7.4 左右（7.35 ～ 7.45）。这种 pH 值的恒定现象，叫作酸碱平衡。也就是说，人体在处于偏碱性状态时，是最平衡、最健康的。由于这种偏酸性的水中本身无营养物质，而且它具有极强的溶解各种微量元素、化合物、营养物质的能力，当人长期大量饮用纯净水后，体内的一些人类必需的微量元素、营养物质就迅速溶解在这种水中，并随之排泄到体外，使体内酸碱平衡遭到破坏。在针对水的动物实验中发现，实验小鼠吃相同的饲料，喝不同的水（一组饮用含天然矿物质的弱碱性水，一组饮用酸性纯净水），体内矿物质含量水平有明显差异。随着实验时间的推移，饮用酸性纯净水的一组小鼠体内矿物质含量水平持续下降。此外，由于现代人喜欢吃肉类食品、加工食品、油腻食品等酸性食品，因此很多人的体液 pH 值都在 7.35 以下，身体处于健康和患病之间的亚健康状态，更不适宜常年饮用酸性水。因此，纯净水作为饮料水，可以临时、少量饮用，但不可作为饮用水长期饮用。

（二）纯净水茶事

用纯净水等人工软水泡茶，虽然茶汤净度好、透明度高、香气和滋味纯正、无异杂味，要比自来水冲泡的茶汤品质好，但相对于使用优质天然山泉水沏泡的茶汤而言，其茶汤香气虽纯正但清淡；汤色虽清亮但显淡泊；滋味虽纯但无法体现所冲泡茶叶应有的醇厚鲜灵之感，口感淡薄而缺乏活力。所以一般不推荐使用纯净水等人工软水沏茶。但在我国北方地区，优质的泉水、溪水、江河水或井水比较难找到，而一般饮用的自来水硬度较高，即使经过加热后，硬度有所下降，但仍然偏高，用这些硬度偏高的水来沏泡高档茗茶，很难体现茗茶的品质，在这种情况下就推荐使用纯净水来冲泡。

三、人工矿物质水

人工矿物质水属人工合成水，也称仿矿泉水，一般以城市自来水为原水，再经过纯净化加工，添加矿物质，杀菌处理后灌装而成。

（一）人工矿物质水的成分

人工矿物质水是仿造天然矿泉水生产出来的，天然矿泉水中的矿物质微量元素含量稳定，且易被人体所吸收，而人工矿物质水中的微量元素属人工添加，含量不稳定，受人为因素的影响较大，且添加的人工矿物质盐试剂大部分是碳酸钙、氯化钾和硫酸镁等化学原料，无法被人体吸收，反而会和人体内原有的钙离子等发生反应，带走钙离子等离子，至于人工矿物质水中添加的其他微量元素，也很难确保一定对人体有益。这些微量元素对人体来说，量少了不行，量多了也不行，而且量多量少都会在血液、细胞内产生沉淀。这个微量元素有害与有益浓度之间的界限靠人为加入是十分难把握的。例如，硒含量为 0.01 ～ 0.05 毫克 / 升时可防癌、抗癌，增强人体免疫功能，但含量大于 0.05 毫克 / 升时则会造成硒中毒；碘化物含量为 0.2 ～ 0.5 毫克 / 升时对人体有益，但含量大于 0.5 毫克 / 升时则会引发碘中毒，不利于人体健康。

此外，目前我国尚未制定人工矿物质水的标准，企业只有将自定的企业标准作为质量控制标准。而人工合成矿物质盐添加剂也尚未得到卫生部批准，未列入食品添加剂。与纯净水一样，人工矿物质水可以作为饮料少量饮用，但不适于长期大量饮用，沏茶时，只是在没有合适用水的情况才将其作为一种替代用水。

（二）人工矿物质水茶事

现代科学试验表明，水中所含矿物质不同，对茶汤品质的影响也不同。

1. 氧化铁。当水中含有低价氧化铁 0.1 毫克 / 升时，会造成茶汤色发暗，滋味变淡。高价氧化铁对茶汤的影响比低价氧化铁更大，含量为 0.1 毫克 / 升时，将导致茶汤品质明显下降。水中铁离子含量过高时，泡茶茶汤将呈黑褐色。

2. 铝。当铝的含量为 0.1 毫克 / 升时，对茶汤无明显影响；当铝含量增加到 0.2 毫克 / 升时，茶汤就会出现苦味。

3. 钙。当钙含量达 2 毫克 / 升时，茶汤涩味明显；当钙含量增高到 4 毫克 / 升时，茶汤滋味发苦。

4. 镁。当茶汤中镁含量达 2 毫克 / 升时，滋味会变淡。

5. 铅。当铅含量小于 0.4 毫克 / 升时，茶汤滋味淡薄并稍带酸味；当铅含量达到 1 毫克 / 升时，茶汤味涩且有毒。

6. 锰。当锰含量为 0.1 ～ 0.2 毫克 / 升时，茶汤会有轻微苦味；当锰含量达到 0.3 ～ 0.4 毫克 / 升时，茶汤滋味更苦。

7. 铬。当铬含量为 0.1 ～ 0.2 毫克 / 升，茶汤滋味稍显苦涩；当铬含量超过 0.3 毫克 / 升时，对茶汤的品质影响很大。但铬在天然水中很少被发现。

8. 镍。当茶汤中镍含量为 0.1 毫克 / 升时，即有酸味，水中不含有镍，故其可能来源于茶具。

9. 银。当茶汤中银含量为 0.3 毫克 / 升时，即产生金属味，但水中一般不含有银。

10. 锌。当茶汤中锌含量为 0.2 毫克 / 升时，会产生令人难受的苦味。茶汤中锌的来源可能是自来水管道。

11. 盐类化合物。茶汤中加入 1 ～ 4 毫克 / 升硫酸盐时，茶味有些淡薄，但影响不大；硫酸盐含量增至 6 毫克 / 升时，茶汤会产生一些涩味。水源中普遍有硫酸盐，含量有时可高达 100 毫克 / 升。茶汤中加入 16 毫克 / 升氯化钠，茶味略显淡薄。茶汤中加入 16 毫克 / 升亚碳酸盐，似乎有提高其滋味的效果，茶汤醇厚，口感尚好。

富含矿物质的水，其硬度、铁溶解性总固体含量均比纯净水和自来水高。经试验，用硬度在 170 毫克 / 升以下，溶解性总固体含量在 300 毫克 / 升以下，铁含量低于 0.005 毫克 / 升的人工矿物质水泡茶，其色、香、味均保持了茶的特色，是泡茶首选的水。若用矿物质含量高于以上标准的人工矿物质水泡茶，将会影响茶水的色、香、味，虽对茶水质量无影响，也不影响人体健康，但茶水颜色变深，感官性状欠佳。这是因为茶叶之中含有一定量的蛋白质，单宁酸、果胶、茶多酚等成分，它们与人工矿物质水中的钙、镁、铁等结合形成了混浊物和沉淀物，影响了茶水浊度。水中铁离子氧化，置换茶叶中的单宁酸和茶多酚，把无色的羧基转变为有色的碳基，从而加深了茶水的色度，使其呈棕褐色，影响其感官性状，但无害。例如，人们常见的用铁质刀削的苹果，经空气氧化，切口表层果肉渐变成棕色，其原理相同，即是铁与单宁酸果胶物质作用之故。此现象在新绿茶中反应明显，但其口味不变，所含微量元素不变，这是正常现象。

用人工矿物质水泡茶，可在水中加入维生素 C 片，防止钙、镁盐的析出。一般 500 毫升的人工矿物质水中放入 1 ～ 1.5 片维生素 C 片即可。维生素 C 片的加入，对人体还有防止血管脆化、降低胆固醇和血脂等作用，长期饮用，可增强人体抗病、抗衰老的能力。

第五章

神州名泉

一、无锡惠山泉

惠山泉，位于江苏省无锡市西郊惠山山麓锡惠公园内。相传其经茶圣陆羽亲品其味，故又名陆子泉，经乾隆御封为“天下第二泉”。中唐时期诗人李绅曾赞扬道：“惠山书堂前，松竹之下，有泉甘爽，乃人间灵液，清鉴肌骨。漱开神虑，茶得此水，皆尽芳味也。”宋徽宗时，此泉水成为宫廷贡品。元代翰林学士、大书法家赵孟頫专为惠山泉书写了“天下第二泉”五个大字，至今仍完好地保存在泉亭后壁上。1751年，乾隆皇帝南巡，经无锡品尝了惠山泉水后，援笔题诗，诗中有“中泠江眼固应让”之句，说明惠山泉水确实为天下稀珍之物，宜茶之水。

惠山泉为唐大历元年至大历十二年（766—777年）无锡令敬澄所开凿。惠山因古代西域和尚慧照曾在附近结庐修行而得名。惠山泉水源于若冰洞，呈伏流而出成泉。泉池围砌成上、中两池。上池呈八角形，由八根小巧的方柱嵌八块条石做围栏，池深一米多。池中泉水水质很好，水色透明，甘洌可口。中池紧挨上池，呈四方形，水体清淡，别有风味。至宋代，又在下方开有一大池，呈长方形，为下池，实为鱼池。明代雕刻家杨理特在下池池壁雕刻了一具螭首，该螭首似龙非龙，俗称石龙头，中池泉水则通过石龙头下注到大池之中，终年喷涌不息。

惠山泉

惠山泉水为山水，泉水无色透明，含矿物质少，水质优良，甘美适口，系泉水中之佼佼者。其原因是泉水经岩层裂隙过滤，水中杂质多数已在渗滤过程中除去，因此其含杂质极微，“味甘”而“质轻”，特别适宜煎茶。清乾隆皇帝计量各地名泉，量得惠山泉水为每量斗重一两零四厘，仅比北京玉泉水稍重略微。近年来经多次化验，发现惠山泉水含有钙、镁、碳酸盐等矿物质及微量氡气，表面张力大，水高出杯口数毫米而不溢，水质清澈透明而无任何有害物质，与世界卫生组织及美国、日本等国家的饮用水水质相比较，确系当今世界饮用水中之佼佼者。

华淑在《二泉记略》中就总结了惠山泉的“三异”与“三癖”：“泉有三异，两池共亭，圆池甘美，绝异方池，一异也；一镜澄澈，旱潦自如，二异也；洞泉清寒，多至伐性，此则甘芳温润，大益灵府，三异也。更有三癖，沸须瓦缶炭火，次铜锡器，若入锅炽薪，便不堪啜，一癖也；酒乡茗碗，为功斯大，以炊饮作糜，反逊井泉，二癖也；木器止用暂汲，经时则味败，入盆盎久而不变，三癖也。”这“三异三癖”，实际上是具体细致地分析总结了惠山泉水的特色和煮茶的禁忌。

二、杭州虎跑泉

虎跑泉，在浙江杭州市西南大慈山白鹤峰下慧禅寺（俗称虎跑寺）侧院内，距市区约 5 千米。虎跑泉有天下第三泉之称，第一泉为镇江金山中泠泉，第二泉为无锡惠山泉。虎跑泉水质甘冽醇厚，与龙井茶叶合称西湖双绝，有“龙井茶叶虎跑水”之美誉。古往今来，凡是来杭州游历的爱茶之人，都以能身临其境品尝一下以虎跑甘泉之水冲泡的西湖龙井之茶为幸事。

虎跑泉

虎跑泉的来历还有一个传说。相传，唐元和十四年，高僧性空云游至此，喜欢此处的风景灵秀，便住了下来。但因为附近没有水源，生活不便，于是他准备迁往别处。一天夜里，他忽然梦见一神仙告诉他说：“南岳有一童子泉，当遣二虎将其搬到这里来。”第二天，他果然看见二虎“跑（刨）地作穴”，清澈的泉水随即涌出，故名为虎跑泉。实际上虎跑泉因地处群山之低处，地下水随岩层向虎跑渗出，由于水量充足，因此虎跑泉大旱不涸。虎跑泉水矿化度不高，水质无菌，饮后对人体有保健作用。

虎跑泉水表面张力很大，如用杯子将水放满，再将钱币一个一个地放入杯中，泉水渐渐高出杯面不会外溢。原来，这虎跑泉是从大慈山后断层陡壁砂岩、石英砂中渗出，据测定流量为 43.2 ～ 86.4 立方米。虎跑泉是一个两尺见方的泉眼，清澈明净的泉水，从山岩石罅间汩汩涌出，泉后壁刻着“虎跑泉”三个大字，为西蜀书法家谭道一的手迹，笔法苍劲，功力深厚。泉前有一方池，四周环以石栏；池中叠置山石，傍以苍松，间以花卉，宛若盆景。游人在此，坐石可以品泉，凭栏可以观花，怡情悦性，雅兴倍增。

三、杭州龙井泉

龙井泉位于浙江杭州市西湖西面风篁岭上，是一个裸露型岩溶泉。龙井泉本名龙泓泉，又名龙湫泉。龙泓泉历史悠久，因大旱不涸，古人以为其与大海相通，有神龙潜居，所以名其为龙井，又被人们誉为“天下第三泉”。

龙井泉

“采取龙井茶，还烹龙井水。一杯入口宿酲解，耳畔飒飒来松风。”这是明人屠隆《龙井茶》中的诗句，他赞诵龙井茶，更夸龙井水。龙井泉池环以精工镌雕的云状石栏，泉池后壁是古朴叠石，泉水从叠石下石隙中涓涓涌出，汇集于龙井泉池后，又经过泉池下方通道流入低处的两个相连的长方形水池中，接着注入玉泓池，最后跌宕下泻形成风篁岭下“十里泉声咽断崖”的淙淙溪流。

龙井泉一带大片出露的石灰岩层都是向着龙井倾斜的，这样的地质条件，给地下水顺层面裂隙源源不断地向龙井泉汇集创造了有利的因素。在地貌上，龙井泉恰好处于龙泓涧和九溪的分水岭垭口下方，又是地表水汇集的地方。龙井泉西面是高耸的棋盘山，集水面积比较大，而且地表植物繁茂，有利于拦蓄大气降水防止其向地下渗透。这些下渗的地表水进入纵横交错的石灰岩岩溶裂隙中，最终便沿着层面裂隙流入龙井，涌出地表。由于龙井泉水的补给来源相当丰富，因此形成了永不枯竭的清泉。

龙井泉水有一种有趣的现象。龙井泉的水由地下水与地面水两部分组成。地下水比重较大，因此地下水在下，地面水在上，用棒子搅动后，地下泉水翻到水面，形成一圈分水线，当地下泉水重新沉下去时，分水线渐渐缩小，最终消失。这种分水线在下雨天时因泉水补给量增大，显得尤为明显。据说这是泉池中已有的泉水与新涌入的泉水间的比重和流速有差异之故，但也有人认为，是龙泉水表面张力较大所致。

“烹茗僧夸瓯泛雪，炼丹人化骨成仙。当时陆羽空收拾，却遗龙泓一片泉。”这是苏轼所作《龙井》诗中对龙井泉的赞美。龙井之所以蜚声四海，一是龙井泉水清冽甘美，可与虎跑泉水媲美；二是龙井四周环以茶山茶园，盛产西湖龙井茶。龙井茶叶色绿，形扁，光滑，整齐，以“色泽翠绿，香气浓郁，味甘爽口，形如雀舌”这所谓的“四绝”著称于世。用龙井泉水冲泡龙井茶，乾隆的感受是：“啜之淡然似乎无味，饮过后觉有一种太和之气，弥漫乎齿颊之间。”他认为这“无味之味，乃是至味”。乾隆之论，深得名泉名茶之精蕴，由于他的品评也使龙井泉与龙井茶并称，并名扬天下。

四、苏州虎丘三泉与天平山白云泉

苏州有几处名泉，多在姑苏城阊门外西北的虎丘。虎丘是苏州最古老的名胜之一。春秋晚期，吴王夫差葬其父阖闾于此，相传葬后三日有白虎踞其上，或山丘形状犹如蹲虎，故名虎丘。名泉就处在这一静幽秀美的环境里。

苏州虎丘

虎丘第一眼名泉，叫憨憨泉，又名观音泉，位于斗拱飞檐的断梁殿一旁。泉畔有石碑一通，上刻“憨憨泉”三字，清澈澄清的泉水奔涌不息。关于憨憨泉，民间流传着一个动人的故事。很久远的时候，虎丘山上有个名叫憨憨的小和尚，他双目失明，可恶的老和尚却叫他每天到山下挑水，小和尚稍一迟慢，就遭斥骂。一天，小和尚挑着水往回走，脚一滑，摔倒在地，他用手一摸，原来是地上青苔。聪明的小和尚想，青苔之下，说不定是清泉，便用扁担掘了起来。这时老和尚刚好过来，看见这个场景，以为是小和尚在借此行乐，不由怒火中烧，一把夺过扁担，朝小和尚劈头打去。小和尚因眼睛看不见，躲避不了，眼看就要被打到了，突然不知从哪里来的力量把老和尚向他狠狠打来的扁担扇到一边，沉沉地落到掘土的地方。顿时，清泉汩汩涌出，声音悦耳动听。泉水喷溅到小和尚脸上，他双眼顿时复明，惊喜万分。而老和尚却在一旁吓得目瞪口呆，还以为小和尚是天上神仙下凡，连忙跪下叩拜。从此，这眼泉水就叫憨憨泉。

憨憨泉

剑池，是唐代李季卿品评的天下第五泉。石壁上刻有“虎丘剑池”四字，相传是唐代大书法家颜真卿的手迹。剑池位于千人岩底下，呈长方形，深约5米。池上两崖如劈，藤蔓披拂。崖底便是一汪碧波，形如长剑，澄澈透明，冷气逼人。崖壁上有宋书法大家米芾手书“风壑云泉”刻石，字体雄浑遒劲。

剑池

陆羽井，又名观音泉。游人从虎丘二山门进去，沿山路可达千人岩后面的冷香阁。陆羽井就在冷香阁的不远处。泉眼现为一口石井，井口约 3 米见方，四周围以石壁，水流终年不断。泉水清亮透明，略有甜味。用陆羽井的泉水，沏上太湖名茶碧螺春，香郁沁人，味醇色鲜，一口饮毕，余香无穷。

陆羽井

据《苏州府志》记载，茶圣陆羽晚年曾长期寓居苏州虎丘。他发现虎丘山泉甘甜可口，亲自到山上挖了一口井，专门研究泉水水质对煎茶的作用。这个消息传到了唐德宗李适耳里，李适立刻下诏召陆羽进宫，要封陆羽为官，但陆羽没有接受，他又回到虎丘专门用剑池和陆羽井的水栽培苏州散茶。经试验培植，他创造了整套种茶、育茶、采茶、煎茶的方法，并大力倡导发展茶业茶事。当时吴地人们饮茶已成为习惯，种茶成为百姓的一项职业。陆羽在清泉畔，一边研究栽茶技艺和品泉心得，一边著作《茶经》。

在苏州西郊的天平山，有号称“吴中第一水”的白云泉，又名钵盂泉。

天平山群峰峻峭，怪石林立。《吴郡图经续记》中说它“巍然特出，群峰拱揖”。其因山势高峻，峭拔入云，故又称白云山。上山的路也分成三段，称为三白二云。穿过御碑亭周围的大片枫树林，登上数十级山径，便到达了下白云，也就是白云泉所在之处。石壁上刻有白居易手书的“白云泉”三字。白居易有诗咏此泉曰：“天平山上白云泉，云自无心水自闲。何必奔冲山下去，更添波浪向人间。”白云泉的坦荡淡泊，“吴中第一水”的清闲透澈，使人领会到一种无牵无挂、从容不迫的意境。由白居易的题字和诗咏，可以想见此泉在唐代已非常有名。

白云泉从攀附着苍藤薜萝的峭壁隙罅中潺潺流出，注入池内，终年不断。泉水清冽而晶莹，水味醇厚而略带甘甜。自宋至清的几百年间，范仲淹的后代在此营造了规模宏大的墓园，四周林茂花香，山明水秀，亭台楼阁俱全。“汲取清泉三四盏，芽茶烹得与尝新。”在白云泉畔品茗边凭眺，吟诵范仲淹“先天下之忧而忧，后天下之乐而乐”的名句，能引发出不少遐思，胸襟顿感开阔，天地更为宽广。

白云泉

五、济南四大泉群

济南，因为有着众多天然涌泉，自古以来就被冠以“泉城”的美誉，并以其独特的泉水魅力享誉海内外。刘鹗在《老残游记》中说它“家家泉水、户户垂杨”，这种赞誉给济南平添了诗情画意。全市共遍布着大大小小 700 多处天然涌泉，仅在济南老城区西起西门、东至青龙桥方圆 2.6 平方千米的范围内就分布着趵突泉、黑虎泉、珍珠泉和五龙潭泉四大泉群、133 处泉水，众泉汇流到风景秀丽的大明湖，构成了济南独特的泉水景观。“若到济南行乐处，城西泉上最关情”。泉水是济南的象征、济南的标志、济南的财富，更是济南的灵魂！走进济南，就仿佛走进了一个神奇的泉的世界……

泉群之水从何而来？《历城县志》上说：“泰山北麓，泉源竞发，吾邑得七十二焉。”在泰山以北，济南市以南的广大区域内，主要为寒武、奥陶系地层构成的单斜岩层的山区，地形与构造均向济南市方向倾落，丰富的地下水顺岩层的倾落方向，汇流于济南市的旧城厢，水承压而回流上升出露成泉。有的从岩体中溢出，有的经岩浆岩体的裂隙上升，终于在静力最弱的地方出露成泉群，其密集出现处便构成“家家泉水”的奇观，并以其流量之大，“势不得不汇而为湖”。大明湖就是由这泉群之水汇集而成的。济南市能有“四面荷花三面柳，一城山色半城湖”的美景，主要得益于滋润这座古城的泉群。

四大泉群中，趵突泉群前文已作评述，这里介绍其他三个泉群。

1. 黑虎泉群，位于济南市旧城东南，即黑虎泉东路的河滨公园内，为一裂隙上升泉群。早在金代以前，黑虎泉就以现名闻名于世。泉水出于深凹形洞穴，通过三个石雕虎头泉水喷出，波澜汹汹，水声喧喧。明代晏壁在《七十二泉》中诗云：“石水府色苍苍，深处浑如黑虎藏。半夜朔风吹石裂，一声清啸月无光。”泉群附近假山平台遍布，回廊曲径，夏日绿树荫荫，鸟语蝉鸣，是游人品茶、玩景之胜地。此泉因明嘉靖年间在其近旁建有一座黑虎庙而得名。

黑虎泉

2. 珍珠泉群，位于大明湖南岸，为一侵蚀上升泉群，总涌水量每昼夜达 1.9 万吨左右。珍珠泉水被围蓄在一个面积约为 940 平方米的长方形池内，水面平似镜，清澈可见底。泉水自地下涌出，无数气泡袅袅上浮大如鸡蛋，小似米粒，状如串串珍珠，若在阳光下越发显得光彩夺目。古人有诗曰："风回池面破沧烟，涌出珍珠万颗圆""不知合浦珠，较此孰多少"。黄景仁咏赞："跳珠溅雪碧玲珑，甃石围栏绿曲红……咫尺明湖輸不尽，可知有本是无穷。"珍珠泉水，清碧甘冽，是烹茗的上等佳水。当年清乾隆皇帝在品评天下名泉佳水时，以清、洁、甘、轻为标准，将珍珠泉评为"天下第三泉"。

珍珠泉

3. 五龙潭泉群，位于济南市旧城西门外，它与趵突泉群遥相呼应，相距约 0.5 千米，为一侵蚀上升泉群，总涌水量每昼夜达 4.71 余万吨。五龙潭有一个美丽的传说，与隋唐时期山东英雄秦琼有关。传说秦琼的宅第在一次暴雨之后下陷，就形成了今天的五龙潭。五龙潭泉又名灰湾泉，它由五处泉水汇注而成，面积约一亩，泉流量稳定，不涸不息。

五龙潭泉

六、扇子山蛤蟆石泉水

蛤蟆石，在长江西陵峡东段。在距湖北宜昌市西北 25 千米处，灯影峡之东，长江南岸扇子山山麓，有一呈椭圆形的巨石，霍然挺出，从江中望去好似一只张口伸舌、鼓起大眼的蛤蟆，人们称之为蛤蟆石，又叫蛤蟆碚。

蛤蟆石地处滩险流急的扇子峡边，舟人过此视为畏途。郭相业在《蛤蟆碚》中写道："白狗峡，黄牛滩，千古人嗟蜀道难，江边蹲踞蛤蟆石，逆水牵舟难更难，贾客闻之心胆寒。"然而比这千万年蹲在长江边上的蛤蟆石更有名气的，则是隐匿在其背后的那眼清泉。

在蛤蟆尾部山腹有一石穴，中有清泉，泠泠倾泄于"蛤蟆"的背脊和口鼻之间（因蛤蟆头朝北），漱玉喷珠，状如水帘，垂注入长江之中，名曰"蛤蟆泉"。泉洞石色绿润，岩穴幽深，其内积泉水成池，水色清碧，味道甘美。

蛤蟆泉

约在天宝后期，唐代茶学家陆羽在涉足于巴山蜀水访茶品泉时，曾前来品鉴过蛤蟆石泉水。在其所著《煮茶记》（见于唐代张又新《煎茶水记》）中载："峡州扇子山下有石突然，泄水独清冷，状如龟形，俗云虾蟆口水，第四。"这蛤蟆口水自从陆羽评其为"天下第四泉"以来，引起了嗜茶品泉者的浓厚兴趣。特别是北宋年间，许多著名品泉高手、茶道大师，都不畏艰险，纷纷登临扇子山，以一品蛤蟆泉水为快，并留下了赞美泉水的诗篇。如北宋文学家、史学家欧阳修有诗赞曰：“蛤蟆喷水帘，甘液胜饮酎。”北宋诗人、书法家黄庭坚在诗中赞道：“巴人漫说蛤蟆碚，试裹春芽来就煎。”北宋文学家、书法家和散文家苏轼和苏辙兄弟都曾登临蛤蟆碚品泉赋诗，赞赏寒碧清醇的蛤蟆泉水，有“岂惟煮茗好，酿酒更无敌”之句。南宋爱国诗人陆游也是一位品泉家，他在《蛤蟆碚》诗中写道：“不肯爬沙桂树边，朵颐千古向岩前。巴东峡里最初峡，天下泉中第四泉。啮雪饮冰疑换骨，掬珠弄玉可忘年。清游自笑何曾足，擂鼓冬冬又解船。”陆游这首诗于南宋乾道六年（1170 年）十月作于蛤蟆碚。其还在《入蜀记》中写道：“十月九日登蛤蟆碚，《水品》所载第四泉是也。蛤蟆碚去路临江，头鼻吻颔绝类，而背脊疱处尤逼真，造物之巧有如此处。自背上深入得一洞穴，石色翠润。泉泠泠有声，自洞出，垂蛤蟆口鼻间成水帘入江。是日极寒，岩岭有积雪，而洞温然如春。”

七、上饶广教寺陆羽泉

陆羽泉，原在江西上饶广教寺内，现址为上饶市第一中学校。唐代茶神陆羽于德宗贞元初（785—786 年）从江南太湖之滨来到信州上饶隐居。之后不久，即在城西北建宅凿泉，种植茶园。据《上饶县志》载：“陆鸿渐宅在府城西北茶山广教寺。昔唐陆羽尝居此，号东冈子。刺史姚骥尝诣所居。凿沼为溟之状，积石为嵩华之形。隐士沈洪乔葺而居之。《图经》羽性嗜茶，环有茶园数亩，陆羽泉一勺为茶山寺。”

陆羽泉现在上饶市第一中学

由于这一泓清泉，水质甘甜，亦被陆羽评为“天下第四泉”。唐诗人孟郊在《题陆鸿渐上饶新开山舍》诗中有“开亭拟贮云，凿石先得泉”之句。陆羽泉开凿迄今已有一千二百多年，在古籍上多有记载。清代张有誉《重修茶山寺记》：“信州城北数（里）武岿然而峙者，茶山也，山下有泉，色白味甘。陆鸿渐先生隐于尝品斯泉为天下第四，因号陆羽泉。”至20世纪60年代初其尚保存完好，可惜在后来“挖洞”时，将泉脉截断，如今在这眼古井泉边上尚保存着清末知府段大诚所题“源流清洁”四个篆字，作为后人凭吊此古迹的唯一标志了。

陆羽当年在上饶隐居时开石引泉，种植茶园，在当地世代僧俗仕宦中间，产生了深远美好的影响。茶山寺、陆羽泉曾在历史上成为上饶著名胜迹，许多人为此写下了赞颂诗篇。在古人于上饶留下的诸多赞颂陆羽的翰墨中，莫过于一位佚名作者题《陆羽泉联》：“一卷经文，苕雪溪边证慧业；千秋祝典，旗枪风里弄神灵。”这副联语，不仅对仗工妙，而且更高度集中地概括了茶神陆羽为中国乃至世界的茶学、茶文化事业作出的卓越贡献，为世世代代人所景仰和祀典。

八、扬州大明寺泉

大明寺在江苏扬州市西北约 4 千米的蜀岗中峰上，东临观音山。其因建于南朝宋大明年间 (457 ～ 464 年) 而得名。隋代仁寿元年（601 年）曾在寺内建栖灵塔，又称栖灵寺。这里曾是唐代高僧鉴真大师居住和讲学的地方，现寺为清同治年间重建。

扬州大明寺泉

著名的“天下第五泉”即在寺内的西花园里。西花园原名“芳圃”，相传为清乾隆十六年 (1751 年)，乾隆皇帝下江南，到扬州欣赏风景的一个御花园，以山林野趣著称。唐代茶人陆羽在沿长江南北访茶品泉期间，实地品鉴过大明寺泉，将其列为天下第十二佳水。唐代另一位品泉家刘伯刍却将扬州大明寺泉水评为“天下第五泉”。于是，扬州大明寺泉水，就以“天下第五泉”扬名于世。大明寺泉，水味醇厚，最宜烹茶，凡是品尝过的人都公认宋代欧阳修在《大明寺泉水记》所说“此水为水之美者也”是深识水性之论。

欧阳修被贬官后，由滁洲再迁扬州，做了江都太守。其因仕途坎坷，怀才不遇，故常常出门寄情山水，饮酒赋诗。一天，他来到大明寺，寺中老僧见来了个州官，一面施礼，一面打发小和尚去泡香茶。老僧虽知来者身份，却态度冷淡，他认为欧阳修不过是一个被贬降职的官员，也许徒负虚名，胸中不一定有大学问。

不一会儿，小和尚把茶端了上来。欧阳修呷了一口，就向老僧打听泡茶之水来自何处。老僧脸上顿时显出得意的神色，答道：“这水汲自本寺里面的一泉，历来被称为天下第五泉。”欧阳修听了，不以为然地问了一句：“请问师父，说它是天下第五泉，不知有何依据？”

“这是唐人张又新说的”，老僧答道，并找来张又新的《煎茶水记》，捧给欧阳修。“张又新没有走遍天下，自然没有尝遍各地泉水，只凭想当然就把泉水分七等，这种做法并不足取”，欧阳修不客气地将了老僧一军。老僧又搬出了茶圣陆羽，说张又新是根据陆羽所说而写的。茶圣之论，岂能有错。老僧语气坚定，颇为自信。没想到欧阳修穷追不舍，紧紧追问：“师父，诚然张又新的话出自陆羽，那么，陆羽又是根据谁说的呢？”老僧无言以对。

欧阳修十分认真地对老僧说：“唐代的天下，滔滔长江在南，滚滚黄河在北。河、湖、泉、井不可计数。陆羽、张又新没有走过几州几府，他们所评七泉只限于东南一隅，谁能保证除此之外，长城内外、黄河上下、天府四川、苍茫楚地，再没有好水？陆、张两位并未品遍天下之水，就轻率地下此结论，这又如何可信。”他又说：“凡事要调查实察，寻根求源，不可人云亦云，拾人牙慧。”他的话说得入情入理，让老僧心悦诚服，甚为钦佩。

欧阳修从大明寺告别老僧回到府里，当天就写了《大明寺泉小记》一文。文中赞美了大明寺泉水“为水之美者也”，既未冠之“天下”，又没有说属于何等。文章写好，派人送给大明寺老僧，请他指正。老僧阅罢佩服不已，从此和欧阳修结成好友，来往甚密。老僧虽然还是常向人们介绍清澈甘冽的大明寺泉水，但不再说是天下第五泉了。这一传说一直流传至今，但人们仍沿用天下第五泉称赞大明寺泉。

九、怀远白乳泉

我国古代劳动人民很注意对泉水色调的观察，有不少名泉都是依据泉水的颜色命名的，出露在安徽省怀远县城南郊的白乳泉即是。

白乳泉位于荆山北麓，因“泉水甘白如乳”而得名，是难得的宜茶之水。那么，白乳泉及其泉坑是如何形成的呢？原来，荆山是一座因岩浆侵入作用而形成的山体，在其冷凝形成过程中及其形成后受内外地质应力作用，产生了一系列节理和断裂，泉坑就是在三组密集的节理交汇处形成的。泉水则是大气降水顺岩体的节理和风化裂隙下渗地下，沿断裂层汇入泉坑的。

白乳泉的泉坑后，有两人方可合抱的古榆树一株，枝叶茂盛，绿荫蔽日，酷暑季节，泉四周也凉爽宜人。泉水从石隙中流出，在一米多口径的石坑中汇聚成一泓碧液，清澈透明，同其泉名似乎不相符合。据文献记载，宋代大文学家苏东坡曾率领其子来白乳泉游览并考察，经品味泉水后写有《游涂山荆山记所见》诗，诗中有“牛乳石池漫”之句，诗后自注云：“泉在荆山下，色白而甘。”可见，苏东坡确实看到了泉水色白如乳。这也说明，古人命名泉确有水色依据。那么，我们现在看到的白乳泉水为何是无色透明的呢？

怀化白乳泉

对泉水颜色的长期研究结果表明，部分地下水确实会具有某种颜色，这主要是因为水中含有某种离子成分或有较多悬浮物质、胶体物质。白乳泉周围分布着花岗岩一类（白岗岩）的岩石，受风化作用，地表部分会形成白色的高岭土。在大雨滂沱之时，高岭土的细小颗粒可悬浮在水中，或汇入地表河流，或流入地下，使水呈现“牛乳”状。由于地层的过滤作用，这种悬浮物质往往被分离出去，使涌入泉坑的水透明无色。但也有一些距地表较近和泉口相通的宽大裂隙，可将这些未经过滤的水输入泉口，使泉水浑浊发白。同时，该泉的流量随季节发生变化，雨季水丰，旱季水少，干旱年份还会出现断流现象。

白乳泉水内含有矿物质，甘洌清口，烹茶煮茗，醇香可口。白乳泉水和杭州虎跑泉水相似，表面张力很强，水倾注杯中，能突出杯面而水不外溢，并能浮起硬币。苏东坡曾将此泉誉称天下第七名泉。

十、福建苔泉

福州福飞南路南段，有一处地方叫“龙腰”。龙腰有一眼著名的古井“苔泉井”，又名“蔡公井”“龙腰井”，自古被认为是福建品茶第一泉，《闽书·方域志》中记载：“有曲水苔泉，郡第一泉也。”泉水从龙腰山石壁探出，犹如龙舌，所以又被人们称为“龙舌泉”。北宋庆历五年（1045 年），蔡襄以枢密直学士知福州时，觉得苔泉水清纯甘洌，品质非常好，就派人经常到这里取水泡茶。他还特别书写了“苔泉”两字，叫人刻石立于井边。因为蔡襄喜欢这口井，人们又把这口井叫做“蔡公井”。当年，蔡襄在福州当官时，民间有大操大办红白喜事的习俗，目的就是炫富。蔡襄对于这种陈规陋俗非常反感，于是他对铺张浪费的行为下令禁止，并亲自力倡节俭，在他二儿子的婚礼上，蔡家奉行了节俭风格。他的主张让福州老百姓拍手称快，一时传为佳话。

福建苔泉

苔泉井水非常清冽，新中国成立前有钱人为喝此井水愿花十个铜钱买回一担，井旁过去还有个亭，叫作“洗心亭”。当年从苔泉这里可以直接走到屏山顶的镇海楼。明代王应山在《闽都记》中说：“越王山之北，石壁峭立，泉出其下，即苔泉也。”清代翰林叶观国诗曰：“茶园嫩叶拣春前，官焙场开北苑先。蟹眼试汤谁第一，欲招水递致苔泉。”2001 年，苔泉被列为福州市第五批文物保护单位。

十一、青岛崂山矿泉

“防病强身即是仙，青松泰岱伴华年。深知海上长生药，不及崂山第一泉。”这是国外华文报刊对青岛崂山矿泉水的评赞。青岛的啤酒缘何能驰名四海，成为国内外人士都喜欢的美酒？源在崂山矿泉水。

崂山地处青岛市东北部，绵亘于崂山市境内，古称劳山、牢山，又名鳌山、辅唐山。其主峰崂顶即巨峰，居于群峰中央，海拔 1130 米。崂山泉历史悠久，早在 1500 多年前，就有“泰山虽云高，不及东海崂”之说。秦始皇曾于公元前 219 年亲临崂山，观蓬莱仙境，眺瀛洲风采。唐玄宗也曾遣人上崂山炼丹。自古以来，崂山既是道家云集之地，又是文人墨客探胜品水之所。李白、苏东坡、文徵明、顾炎武、王海洋、高凤翰、蒲松龄、康有为等都曾先后登临崂山。古今游人游览崂山，必饮崂山矿泉水，崂山矿泉水自古有“神水”“仙饮”之称。《唐常衮中书门下贺醴泉志》中记载：“积年之疾，一饮皆愈，挚瓶而至，踵迹相望，日以万计，酌之不竭。”崂山矿泉水未必如古人所云“积年之疾，一饮皆愈”如此灵验，但其健身祛病之功效是显而易见的。如果经常饮用崂山矿泉水，则可以加速人体内的新陈代谢，增加食欲。矿泉水中所含各种矿物质被人体吸收后，可以收到调节内分泌、舒张末梢血管等功效，所以崂山矿泉水是大自然赐予人们的天然优质饮料。

崂山矿泉水为冷矿泉水，因崂山临海矗立，地处海陆气流汇合之处，气温适宜，雨量充沛，植被发育良好。当大量降雨渗入花岗岩体裂隙中后，成为地下水，在径流过程中溶解了岩体中的多种矿物质，再从山体翠谷中流出，便形成了著名的崂山冷矿泉水。崂山泉流纵横，计有崂山九水、潮音瀑、龙潭瀑、神水泉、金液泉、天液泉等泉群。仅山顶就有瀑布 5 处、泉水 16 处、洞穴 39 处。

崂山潮音瀑

潮音瀑，又称鱼鳞瀑。瀑水凌空而下，一波三折。瀑水飞泻的声音犹如潮水的澎湃之声，所以被誉为“岩瀑潮音”。枯水季节，瀑布显得温和优美；丰水季节，它奔腾澎湃，气势豪迈，声音好像滚滚的怒潮发出的声音。潮音瀑的源头是崂顶——巨峰北侧的天乙泉。瀑布下面的水潭，清澈见底，碧蓝如靛，称为“靛缸湾”。瀑布的第二折，水冲进一个山洞，再翻涌出来注入靛缸湾。这个石洞到底有多深无从考证。据说从前有一位看护山林的老人，一直想探探石洞的深度，便在山上用镰刀割了很多藤条，他把藤条一根根接起来，拴上石头投进洞里，结果藤条全用完了也没探到底。谁知两天之后，藤条竟从十几里外的东海边露了出来。

龙潭瀑，又名玉龙瀑，在崂山南部八水河中游，北距上清宫约1千米。相传很久以前，东海里一条美丽的白龙，得道后奔向太清宫，被一山岩挡住了道路，白龙纵身一跳，其身影在空中泛出了一道白光。白龙离去后，这道白光历久不散，最后化成了一道奔泻不息的飞瀑，后人称之为龙潭瀑。其周围岩壁峭立，八水河至此，沿20米高、10余米宽的绝壁悬空倒泻，喷珠飞雪，状如玉龙飞舞。瀑布落下十几米，与石壁相击，分数股跌入潭中。龙潭瀑碧水凝寒，清澈见底，潭旁巨石上镌“龙潭瀑”三字。大雨过后，其山洪暴注，飞腾呼啸，更为壮观，故有“龙潭喷雨”之称。

崂山龙潭瀑

“崂山春茶神水泉。”神水泉是崂山群泉中最有名的。它位于太清宫西侧。泉边绿树四合，浓荫匝地，清幽凉爽。神水泉为一集水的泉池，在太清宫院前三清殿的石壁上镌刻着“神水泉”的题字。据说神水泉有三“神”：一“神”，水质清澈甘洌，含的矿物质非常丰富，杂质却非常少，据说崂

崂山神水泉

山道士们用过多年的暖水瓶从来没生过水垢；二“神”，大旱三年泉水不涸，大涝三年泉水不溢，无论怎样取水，水平面始终与井口保持一致；三“神”，饮用此泉水，有助于治疗胃溃疡、糖尿病等多种慢性病，达到有病必治、无病健身、延年益寿的效果。游人到此，总爱在泉旁的茶座上品饮崂山春名茶，因为用神水泉水沏上崂山茶，闻则香、饮则甜、咽则滑，品茗之余，香留齿间，回味无穷。

金液泉，为崂山名泉之一，位于崂山北部碧落岩巨石之下。泉水主要是石体中渗水，一昼夜才能流满 1 米见方、2 米深的泉池，水质清冽爽口，是宜茶好水。夏日至此饮上一杯，暑气顿消。

崂山金液泉

上述诸泉瀑流构成了崂山矿泉群，这些清澈甘美的流泉为祖国的茶事篇章增添了佳色。

十二、云南安宁碧玉泉

云南安宁碧玉泉被誉为“天下第一汤”，位于昆明西郊，距城 39 千米处，沿途孔雀杉苍郁染黛，修竹飘洒流翠。泉区周围，群山环绕，林木葱翠。安宁碧玉泉水自螳螂川峡谷东岸的石灰岩壁下涌出，较大的天然泉眼有 9 处，每昼夜涌水量为 1000 余吨，最大时可达 1 万吨左右。泉水清澈、透明，水质柔滑优良，属弱碳酸盐型温矿泉水，水温在 40～45 摄氏度，可浴可饮。浴则可治多种疾病，尤其对皮肤病、关节炎和慢性胃病患者疗效甚佳；饮则可沏茶煮茗，其味温醇可口，风味独特。故明代学者杨慎评价此泉水“不可不饮”。

安宁碧玉泉

安宁碧玉泉见于记载，是在元代。据《元混一方舆览胜》“安宁州”条载：“云南诸郡，汤池 17 所，惟安宁州者最。石色如碧玉，水清可鉴毛发，虽骊山玉莲池远不及。”安宁碧玉泉的真正扬名始于明代。第一个把安宁碧玉泉称为“天下第一汤”的是明代大学者杨慎。杨慎原籍四川新都，24

岁金榜题名，曾任翰林院修撰和经筵讲官，为嘉靖皇帝讲解过经史。他一生为人正直，不畏权势，多次对皇帝直言苦谏，于嘉靖年间被贬谪到云南永昌（现保山县）度过了他的一生。在贬居云南的数十年间，杨慎深爱安宁山林泉壑的清幽，常在林间泉边阅卷著书，写下了不少有关安宁碧玉泉的诗文。他所写的一篇《浴温泉序》中，赞叹云南温泉众多，“以安宁之碧玉泉为胜”，并归纳了安宁碧玉泉的七大特色：“滇池号曰黑水，虽盈尺不见底，而此特皓镜百尺，纤介毕呈，一也；四山壁起，中为石门，不烦瓷甓，二也；浮垢自去，不待搁拭，三也；苔污绝迹，不用掏渫，四也；温凉适宜，四时可浴，五也；掬之可饮，尤发苔颜，六也；酒增味，治疱省薪，七也。虽仙家三危之露，佛地八功之水，可以驾称之，四海第一汤也。”从杨慎的文章中可知他把安宁碧玉泉题为“天下第一汤”的缘由。

另一位称此泉为第一的，是明代的旅行家、地理学家徐霞客。明崇祯十一年（1638年），徐霞客来到云南安宁，详细考察了碧玉泉，他在当天的游记中记述道：“……池汇于石崖下，东倚崖石，西去螳川数十步。池之南有室三楹，北临池上。池分内外，外固清莹，内更澄澈；而浴者多就外池。内池中有石高下不一，俱沉水中，其色如碧玉，水光映烨然。余所见温泉，滇南最多，此水实为第一。”

“温泉沏茶茶益香。”澄碧如玉的碧玉泉水是我国温泉中极其难得的宜茶之水。杨慎专为碧玉泉题写的“天下第一汤”五个大字和其《浴温泉序》至今还镌刻在古温泉口岩壁上，“天下第一汤”早已美名远播。而今，泉池呈半圆形，泉水从地底石碑中喷出，流动的温泉水，清澈碧透，饮浴两宜，继续为人类造福。

十三、滁州琅玡山酿泉

酿泉，原名玻璃泉，在琅玡山醉翁亭下。北宋文学家欧阳修在《题滁州醉翁亭》中赞其："声如自空落，泻向两檐前。流入岩下溪，幽泉助涓涓。响不乱人语，其清非管弦。岂不美丝竹？丝竹不胜繁。"清康熙年间（1662—1722年），州守王赐魁立碑镶嵌于泉侧石砌护墙中间，上刻"酿泉"二字。泉边还立有一小巧玲珑的洗心亭，亭边立有一块巨石，上面镌刻着"枕流漱石"四字，形容泉清石净的意境。

琅玡山酿泉

酿泉的形成受到琅玡山岩体和构造的控制。众多的断层裂隙，为地表水的渗透创造了有利条件，并在斜谷地出露成泉。欧阳修发现了这一清泉后，对其情有独钟，认为这股水泉为石山所酿造，将其命名为"酿泉"，并在《醉翁亭记》中称誉："酿泉为酒，泉香而酒洌。"醉翁亭之西为意在亭，亭内石板上凿有一条弯曲回环的小沟渠。酿泉水自外引入其中，经过八折九回，再流出亭外，曰"九曲流觞"。欧阳修当年与一批文人雅士们列坐于曲水之旁，用特制的酒具盛泉水漂浮于流水之上，众宾客顺序赋诗，投射酒杯，对弈“饮酒”。他以“酿泉为酒”，却“醉翁之意不在酒，在乎山水之间也。山水之乐，得之心而寓之酒也”。酿泉水温度终年变化不大，保持在十七八摄氏度。泉水“甘如醍醐，莹如玻璃”，故又被称为“玻璃泉”。

欧阳修在滁州还发现了紫薇泉和濯缨泉。欧阳修出资在紫薇泉旁筑了座丰乐亭，并作《丰乐亭记》。濯缨泉之名源自《诗经》“沧浪之水清兮可以濯吾缨”之句，泉水甘洌，自山岩间涓涓流入泉池。酿泉和紫薇泉、濯缨泉更宜于烹煮安徽毛峰、祁门红茶等名茶，泉洌而茶香，味甘而韵长。

十四、天柱山山谷流泉

天柱山是一座历史悠久的风景名山。其主峰海拔 1760 米，直插云霄，峭拔如顶天之柱。在重峦叠嶂，奇岩峥嵘，翠竹奇松之间，遍布流泉飞瀑。每当暴雨过去，幽谷深涧之中，到处是清溪奔流，而位于山谷寺之西的山谷流泉最让人流连忘返。

天柱山山谷流泉

山谷流泉，实为天柱山岩体表部裂隙水汇集而畅流于山间沟谷中的清亮溪水。一般来说，石牛洞以上为上游，称为潺潺溪；石牛洞一段为中游，称为石牛溪；石牛洞下游为主泉区，称为山谷流泉。溪谷全长近 1.5 千米。石牛溪之名，相传为唐代名人李翱所取，“山谷流泉”则是由宋代文豪黄庭坚命名的。天柱山下的这片谷地，留有众多历史文化遗迹，堪称文化谷地。其谷宽而不旷，三面环绕青山，有幽林古寺，环境极其清雅。南面随溪开敞，似有吞吐潜河广野之气概。在这一溪谷中，有一巨石酷似卧牛，所以才有石牛溪、石牛洞之名称。山谷流泉之东的山谷寺，又名乾元禅寺，四周古木参天，绿荫葱茏，佛塔高耸，并有宝公洞、锡林井、卓锡泉等点缀其间。

“水泠泠而北出，山靡靡以旁围。欲穷源而不得，竟怅望以空归。”其实，山谷流泉沿变质岩裂隙发育，河床岩壁陡峭，却不甚高，经流水侵蚀显得格外光洁，清水淙淙，终年不息。在这条小溪中的岸边石壁谷底，布满石刻，几乎到了“有石皆镌刻，使之无空隙”的程度。

黄庭坚酷爱山谷流泉风景，常在泉畔石上读书赋诗，汲泉煮茶，并自号“山谷道人”。王安石任舒州通判期间，常来此游览，并对此十分流连，以致与弟王安国拥火夜游。宋元丰三年，黄庭坚游览了山谷流泉之后，曾赋诗多首，至今仍可见其留世字迹。明清以来，书家文人接踵而至，留下了大量的墨宝石刻，其石刻数量之多、内容之丰富、地点之集中，在我国大山名泉中极为少见。这里是一处珍贵的山水文化库，堪称“历代诗书艺术石刻博物馆”，是研究我国古代书法艺术和历史人物的宝贵资料。山谷流泉泠泠潺潺，千古不息。在如此清幽素雅的自然环境和丰厚灿烂的文化谷地中，寻古访幽，品泉啜茶，无疑是人生之一大乐事也。

十五、永泰洗钵泉

“风吹飞瀑全城缕，洞倚悬岩半结庐”，这是明代闽人宰相叶向高题咏方广岩的诗句。在层峦叠嶂、林荫蔽天之中，一块巨石拔地而起，刺向青天，此石凌空舒展如覆瓦，遮地 1000 多平方米。这就是方广岩，人们把它喻作广寒仙宫，素有“闽山福地”之誉。洗钵泉就坐落在方广岩景区，位于福建永泰县葛岭山麓。

洗钵泉是水帘交织、清泉汇聚之处，其中有一幅“珠帘”从数十米高的悬岩上飞泻而下，泉流随风飘洒，瞬间异彩纷呈；飞溅飘洒的泉水如霰如雪，似烟似雾；微风时发出环佩之音，大风时发出怒涛之声，风静则仅潺湲而鸣，宛若琴韵。这是洗钵泉的奇观。

在距平地一千余米的山岩上，飞阁挺立，檐牙凌空，既空灵，又壮观。洗钵泉水质极佳，清冽沁人，是难觅的烹茶之水。倘若在此边喝洗钵泉烹煮的茶，边纵目远眺，真有飘飘欲仙之感。

十六、晋江国姓泉

福建晋江东南白沙村外，有一国姓泉，泉之外 100 米就是碧波大海。国姓泉之所以能够声名远播，是因为此泉是由明末清初收复台湾的名将郑成功开凿的。

国姓泉为圆式井泉，形制古朴、典雅。其奇特处在于附近的井水、泉水或咸或腥或涩，唯有此泉的水甘洌醇香，宜饮用、宜烹茶，滋养土地万物，造福一方人民。其泉名为国姓，缘于郑成功才 22 岁时，南明隆武帝因郑成功远见卓识，赐他国姓——朱，将原名郑森改为成功，并任命他为禁军提督，照驸马的职权行事。朝野上下就此称他为国姓爷。由他寻找开掘的泉，也就被称作国姓泉了。

晋江国姓泉

国姓泉的开凿在清顺治三年（1646年）。郑成功的父亲郑芝龙降清后，郑成功率部南返沿海招募义军，举义报明，矢志抗清。五年后，郑成功在晋江白沙一带创建了抗清大本营，在那里招兵买马，操练将士，却遇到了淡水奇缺的困难，严重影响军训，于是郑成功决计要寻找泉源。一天，郑成功率士兵数名，在白沙滩的一处灌木中，发现沙地上有一条黑色的蚁路，蚁群往同一个地方运食筑窝。这时，郑成功想起一句民谚："蚁群窝边跑，淡水脚下冒。"他连忙围绕蚁群画了一个大圆圈，立刻令兵士动手掘泉。当天夜里泉眼掘成，清亮澄澈的泉水露出地表，郑成功掬起一杯清泉品尝，甘洌爽口，不禁大喜过望。涓涓清泉使将士们和当地百姓欣喜若狂。于是，此泉便成了周围人们饮水、煮茶的最佳水源。直到今日，白沙滩尚留存郑成功屯兵城遗址和饮马石槽，并有刀、戟、炮等各种兵器和郑成功护卫亲军穿的铁甲鳞片等文物出土。

十七、泗水泉林

在山东省泗水县城东25千米的陪尾山麓，有一处风光秀美、气候宜人的游览胜地，这就是泗水泉林。古籍《读史方舆纪要》和《山东运河备览》称此泉林为“山东诸泉之冠”。北魏郦道元所著《水经注》中描述泗水泉林为“五穴吐水、五泉俱导，各径尺余”。

泗水泉林

从地质结构上看，泗水泉林一带为石灰岩层和砂岩层，断裂结构非常发育，地下水透过石灰岩溶隙及砂岩断层，在陪尾山麓涌出，是山东省境内一处大型岩溶裂隙泉群，最高时每昼夜泉流量可达6.72万吨，据《泗水县志》记载，明代名流墨客的文章词赋中就咏叹此地清泉遍布，密如树林，“泉林”之名也由此而来。泗水泉林之泉异彩纷呈，或从地涌，或由内突，或见隙溢。游人漫步其间，但见泉连溪流，溪穿泉群，汩汩涓涓，叮咚有声，有的如珍珠闪闪发光，有的似雪花片片飞落。泉流或汇成深潭，或流成池塘。池潭清澈见底，云光倒影，历历可见。

泗水红石泉

泗水泉林是古老泗河的发源地，儒家文化的渊源，是镶嵌在孔孟之乡东部的一颗璀璨明珠。其流量为 1.35 立方米 / 秒，四季恒温。有名的泉也分为三个泉群，有趣的是其泉名也叫趵突、黑虎、珍珠等。如果从名泉涌水量的大小来分，大型泉有黑虎、趵突、响水、淘米、珍珠、石缝、瑀泉 7 处，中小型的则不计其数。

泗水淘米泉

泉林之泉各具特色。趵突泉从石渎中涌出水面，“有若人之搏而涌激”，翻波作浪，汹涌激荡。黑虎泉犹如猛虎出峡谷，长啸怒号，声势浩荡，气概雄壮。珍珠泉“有若雾之散于水面”，泉池底不时涌出银白色的气泡，大小、形态变幻，恰如珍珠抛出明镜。红石泉“有若腥血之涂石者”，这是因为泉林一带多赤铁矿，其泉水从成矿矽卡岩裂隙带涌出，远远望去，就像一潭碧血，景色十分奇特。双睛泉从石壁的两个圆洞中喷出，真像一双晶莹明亮的眼睛。雪花泉中浪花翻滚，远映近绕，如流烟相灌激，似翻云之成堆，不以雨而盈，不以旱而涸。

十八、淄博柳泉

在齐鲁大地众多的泉水之中，有一处声名远播的名泉——柳泉。柳泉是我国古典小说《聊斋志异》作者蒲松龄故居的名泉。它位于淄博市淄川区的蒲家庄，从淄博市乘公共汽车约1小时即可抵达。

柳泉

柳泉，原名满井，井水常满常溢，故名。又因四周植柳百株，有柳有泉，又称柳泉。当年，这里是青州府通济南府的交通要道，路人熙熙攘攘。蒲松龄非常喜欢柳泉，自号“柳泉居士”，并刻了一枚柳泉肖形图章。他在撰写的《募建龙王庙序》碑文中，称此泉“水清以洌，味甘以芳，酿增酒旨，瀹增茗香”，并称“予蓬莱不易也”。如今的柳泉，虽没有了当日喷涌而出的泉水，但茅亭俨然，垂柳依依，仍依稀可见当年的胜景。

蒲松龄白天在私塾绰然堂教书。夏日休馆，他便在柳泉背后的茅亭中设桌凳，以柳泉之水沏香茗，招待过往行人。古代这一带是通往济南的官道，行旅频繁。人们在歇脚饮茶之时，蒲松龄就嘘长问短，请行人讲述各地的风俗人情和各种新奇的鬼怪神话故事。每当他听到一个优美动人的神奇故事便欣喜若狂，如获至宝，马上用泉水磨墨，挥毫成章。春去秋来，持续20多年，他采风撰写的故事，终于汇编成了“写鬼写妖高人一等，刺贪刺虐入骨三分”的不朽小说《聊斋志异》。

聊斋故事的传扬，不仅使人们熟知柳泉居士，也使柳泉闻名遐迩，直至今日慕名前去寻访柳泉的中外游客、文人雅士仍络绎不绝。

十九、泉州清源山泉

福建泉州市北郊的清源山风景名胜区遍布清泉，有人说可探的泉眼起码有百来口，如果把池、潭、涧也计算进去那就更难以计数了。山，因源头水清而名清源山；城，因山多清泉而称泉州。

假如把清源山比作苍穹，那么，不计其数的清泉恰似密布繁星。清源山有名的泉有弥陀岩左侧的“泉窟观瀑”；妙觉岩兴福院香积厨旁“鉴者神清、饮之无疾”的瑞泉；南台岩山门外，从二石相倚的缝隙中流渗出来的丸泉；高士峰右侧从六七米高处石上流下的一线泉；位于清源上下两洞之间，为纪念宋代留正、梁克家二相而得名的二相泉……

在林林总总的山泉中，清源山最著名的则是虎乳泉。

泉州清源虎乳泉

从清源洞出“第一洞天”门，沿石阶而下，左侧便可见虎乳泉。其上下皆为石矶，泉水从隙缝里流出，注入一尺见方的石孔中，不分酷暑严冬，日夜涌流不息，人们贴耳在泉口的岩石上，可听到阵阵蛙鸣声，别有一番情趣，这就是虎乳泉。虎乳泉甘甜似乳，澄澈清冽，以其泉水泡茶，香气独特，沁人心脾。相传，曾有乳汁不足的母虎每天带着仔虎到泉边啜饮泉水，以泉水代乳汁，小虎都壮健地长大，啸跃泉林，虎乳泉也由此得名。今日来清源山的游客大多要寻访虎乳泉，并不忘品尝用虎乳泉水煮烹的清源山茶。茶水犹如甘露，清甜芳香，韵味悠长，三杯两盏过后，顿感疲劳消除，神清气爽，精力充沛。

二十、庐山招隐泉

“匡庐奇秀甲天下”，这是唐代诗人白居易赞咏庐山的诗句。庐山重岭叠嶂，云雾缭绕，林木葱郁，流泉飞瀑，除了有被陆羽品评为天下第一泉的康王谷谷帘泉之外，还有著名的招隐泉。庐山东南五老峰和大汉阳峰夹峙的深谷，因宋代李渤等七贤士曾在此读书，而被命名为栖贤谷。栖贤谷曾建有栖贤寺。招隐泉就位于观音桥东、同栖贤寺夹涧相望处。陆羽说的“庐山招贤寺下方桥潭水第六”即指招隐泉。招隐泉的泉眼在一个石筑小阁中，阁内原有一个螭首，生生不息的泉水出自螭首的石隙之中，出水恰似玉龙吐珠喷翠。泉眼盖有石板，以免外界杂物污染清泉。

庐山招隐泉

招隐泉名字的由来与茶圣陆羽紧密相关。“招隐”两字的来历相传有二：一是陆羽曾隐居浙江苕溪——人称“苕隐”，由此演变而来；二是由当时的大官吏李季卿慕名召见隐居在此的陆羽而来，因“召”与“招”同音，故后人将此泉称作招隐泉。相传，陆羽为品定天下名泉，曾于唐上元年间，登上匡庐，下康王谷，经反复品评，定谷帘泉水为天下第一泉。此后，他准备到栖贤寺休憩数日，当他转过几座山崖，走在通往栖贤寺的修篁夹道的小径时，见有一石筑小亭，陆羽进亭小憩。这时他听到犹如跌落玉盘的泉溪之声，循声而寻，原来亭旁有一眼泉水，陆羽从怀中取出随身携带的小陶杯，酌满泉水，细细品尝，只觉得清冽中蕴含甘醇，他喝上两杯，不觉清凉爽口，气畅神怡。这泉好水的发现，使他喜出望外。此后，他常来此地取水于亭中烹煮云雾茶。经招隐泉烹煮的云雾茶水，汤色清亮，醇香持久。最后陆羽将招隐泉评定为“天下第六”，从此招隐泉又多了个第六泉的佳名。

招隐泉为裂隙泉。泉水自基岩裂隙中流出，色清味甘，长流不竭。据水样分析，招隐泉水呈中性，每升水中约溶解有 70 毫克的硫酸钙，因而入口使人感到甘爽。招隐泉的水体矿物含量较低，每升水中矿物质只有 134 毫克，硬度低，属于软水。水体洁净，透明无色，水温四季不变，流量稳定，是山泉中的优质饮用水，更是宜茶好水。

二十一、庐山玉帘泉和聪明泉

匡庐多名泉，谷帘泉、招隐泉、三叠泉名扬四海，玉帘泉、聪明泉也是庐山泉家族中的佼佼者。

庐山金轮峰下，一泉瀑从 40 米高的悬崖飞流而下，泻入深潭，状若玉帘，这就是玉帘泉。玉帘泉瀑布高达数百丈，阔有八九丈，远远望去，宛如一幕玉珠水晶串成的垂帘。玉帘泉与庐山瀑布群中的其他瀑布有着明显的不同，它并不像石门涧瀑布那样水势汹涌，声响吓人，亦不像乌龙潭瀑布那样玲珑妩媚，婉转流淌，而是属于那种数尺之上尚是水，数尺之下全是烟的瀑布。玉帘泉瀑布在半空之中，便化为缕缕散丝，阵阵烟雾，因风作态，随意飘扬。阳光照射下，霓虹隐现，玉帘变成五彩珠帘，跌入潭中，如大珠小珠落玉盘，瀑声清脆悦耳。“何必丝与竹，山水有清音”，这诗句描述的便是玉帘泉。

庐山玉帘泉

聪明泉出露在庐山西北麓的晋代古刹东林寺内。在该寺神运宝殿后边一丛修竹的掩映下，有一个1米见方的泉池，从岩石罅间涌出一股细泉，晶莹清澈。泉旁的石碑上镌刻着“聪明泉”三个刚劲的隶体大字。碑下面刻着唐代大诗人皮日休所赋的聪明泉诗。泉边有青石铺地，游人站立在青石板上，俯首观泉，会发现自己的身影伴同翠竹、青松、蓝天、白云一齐映照在明亮的泉水里，顿时感到兴味倍增。聪明泉终年不涸，就其水质而言，清冽甘醇，烹煮山茗，鲜爽可口，馨香久存。聪明泉的四周还有玉龙泉、白莲池和出木池等。

庐山聪明泉

二十二、庐山三叠泉

“云雾茶，三叠泉，庐山茶泉两相宜。”三叠泉，位于庐山东谷会仙亭旁，泻泉如喷雪飞银，似万斛明珠，被誉为庐山第一奇观，堪称天下第一飞泉。

三叠泉由大月山、五老峰的涧水汇合，从大月山流出，经过五老峰背，由北崖悬口注入大盘石上，又飞泻到二级大盘石，再喷洒至三级盘石，形成三叠，故得其名。三叠泉落差为 155 米。一叠直垂，水从 70 多米处一泻而下，远看似雨雪交加，近观似大雾弥漫；二叠高约 50 米，跌宕奔涌，带起散珠细雾，凌虚而下；三叠又长又阔，洪流倾泻，如玉龙直闯潭中，激起滚滚波涛浪花，在山色空濛中，犹如一幅生趣盎然的水墨画。古人在《纪游集》里描述其为：“上级如飘云拖练，中级如碎石摧冰，下级如玉龙走潭。”三叠泉随着季节和雨水多寡的变化而不同，春夏秋冬，各有千秋：暮春初夏季节，飞瀑如发怒的玉龙，轰然疾下，震天动地；仲夏严冬，雨水较少，则水帘如丝，轻盈柔美。

自三叠泉被发现之后，诗家名流竞相观赏，给三叠泉题咏歌赋，留下了无数的精彩篇章。宋代诗人白玉蟾在《三叠泉》诗中有“九层峭壁划青空，三叠鸣泉飞暮雨”之句。元代诗人、画家赵孟頫诗云：“飞泉如玉帘，直下数千尺。新月如帘钩，遥遥挂空碧。”后来有人认为众多吟咏三叠泉的诗画都未能尽意，干脆说：“无人知此胜，来往水精灵。”也有人书以“色、香、味”三字来概括之。然而，明代著名诗人王世懋却对它作了真切的记述：“三叠泉从山南最高处，冉冉旋空而降，初级如云如絮，喷薄吞吐，流注大盘石上。水石冲激，乃始滢洄作态，珠迸玉碎，复注二级石上，汇为巨流，悬崖直下龙潭。飘者如雪，断者如雾，缀者如旒，挂者如帘，直入山足，森然四垂，涌若沸汤，奔若跳鹭。其声则蕴隆之候，风掀电驰，霆震四击，轰轰不绝。又如昆阳、巨鹿之战，万人鸣鼓，瓦缶相应，真天下第一伟观也。”

庐山三叠泉

参 考 文 献

[1]　[唐] 陆羽 . 茶经 . 钟强，主编 . 哈尔滨：黑龙江科学技术出版社，2010.

[2]　张科 . 说泉 . 杭州：浙江摄影出版社，1996.

[3]　[明] 朱权，田艺蘅 . 茶谱・煮泉小品 . 黄明哲，吴浩，编著 . 北京：中华书局，2012.

[4]　詹罗九 . 名泉名水泡好茶 . 北京：中国农业出版社，2003.